LE COUCOU CHANTE EN MAI

Ce livre a été imprimé par CPI Firmin-Didot

N° d'impression : 179802
ISBN : 978-2-8177-1155-3 – N° éditeur : 01.02.06.24

Sophie Picon

LE COUCOU CHANTE EN MAI

Itinéraires de jeunes résistants 1940-1944

Éditions SUD OUEST

« Paradoxalement c'est la mort elle-même, décidant à jamais pour l'éternité, qui à jamais nous sauve de l'inexistence. [...] Celui qui a été ne peut plus désormais ne pas avoir été : désormais ce fait mystérieux et profondément obscur d'avoir vécu est son viatique pour l'éternité. »

Vladimir Jankélévitch[1]

1. JANKÉLÉVITCH Vladimir, *L'irréversible et la nostalgie*, collection Champs Essais, Flammarion, 2011, p. 339.

Liste des abréviations

AS	Armée secrète
BBC	*British Broadcasting Corporation*
BCRA	Bureau central de renseignement et d'action (à Londres)
BOA	Bureau des opérations aériennes
CDL	Comité départemental de libération
CFLN	Comité français de la libération nationale
CND	Confrérie Notre-Dame
CNF	Comité national français
CNR	Conseil national de la Résistance
COMAC	Comité d'action militaire (à Paris)
DMN	Délégué militaire national
DMR	Délégué militaire régional
EMFFI	État-major des Forces françaises de l'intérieur (Londres)
EMNFFI	État-major national des Forces françaises de l'intérieur (Paris)
FFC	Forces françaises combattantes
FFI	Forces françaises de l'intérieur
FFL	Forces françaises libres
FTP	Franc-tireur et partisans
GF	Groupes francs
IS	*Intelligence Service* (service de renseignement britannique), voir aussi MI6
JEC	Jeunesse étudiante chrétienne
GESTAPO	*Geheime Staats Polizei*
KDS	*Kommando der Sicherheitspolizei*
MBF	*Militärbefehlshaber in Frankreich* (Commandement militaire en France)
MI6	*Military Intelligence 6* (service de renseignement britannique)
MLN	Mouvement de Libération nationale
MUR	Mouvements unis de Résistance
NN	*Nacht und Nebel* (Nuit et Brouillard)
OCM	Organisation civile et militaire
ORA	Organisation de résistance de l'armée
OSS	*Office of Strategic Service*
PCF	Parti communiste français
RAF	*Royal Air Force*
RIF	Résistance intérieure française
SAP	Section des affaires politiques (de la police française)

SFIO	Section française de l'Internationale ouvrière
SHAEF	*Supreme Headquarters Allied Expeditionnary Forces* (Quartier général des forces alliées)
Sipo-SD	*Sicherheitspolitzei und Sicherheitsdienst* (police de sécurité et service de sécurité)
SNM	Service national maquis
SOAM	Service des opérations aériennes et maritimes
SOE	*Special Operations Executive* (service britannique chargé de la guerre subversive en Europe occupée)
SOL	Service d'ordre légionnaire
SR	Service de renseignement
STO	Service du travail obligatoire
TC	Témoignage chrétien
UGIF	Union générale des Israélites de France
ZN	Zone nord
ZS	Zone sud

Le lecteur se reportera aussi à la chronologie en p. 165.

À ma famille

MÉMOIRE ET HISTOIRE D'UN MAQUIS

Le maquis de Saucats entre légende et vérité

Le but de l'historien « n'est pas d'écrire l'Histoire pour que ceux qui ont vécu les évènements s'y retrouvent. On écrit l'Histoire pour arriver d'une part à retrouver les faits tels qu'ils ont eu lieu et deuxièmement pour connaître quelle a été la règle du jeu, comment les choses se sont mises en place[1]. »

L'histoire du maquis de Saucats m'a toujours intéressée, à titre personnel, car mon grand-oncle Michel Picon y a trouvé la mort le 14 juillet 1944. Il avait 20 ans. Enfant, j'allais à la cérémonie de la commémoration au monument dressé à Saucats, avec mon arrière-grand-mère, mes grands-parents, mes parents, des oncles et tantes.

Mon père, âgé de 12 ans en 1944, avait avec Michel une différence d'âge qui est plus celle de deux frères, que d'un oncle et d'un neveu. Dans la grande maison familiale, quand Michel n'était pas en internat, ils partageaient la même chambre. Ce n'est pas sans émotion que mon père parlait de cet oncle qu'il décrivait comme affectueux, gai et plein d'humour.

Il ne s'agit pas là d'histoire mais de mémoire, d'une mémoire familiale et émotionnelle, transmise de génération en génération.

Cependant, historienne de formation, je me suis très tôt posé des questions sur ce maquis, son obédience, sa raison d'être. Pourquoi avait-il été attaqué et surtout pourquoi ce maquis, parmi tant d'autres, était-il ainsi héroïsé ? Certes, le monument érigé à Saucats est dédié « à l'ensemble de la Résistance en Gironde », cependant cette Résistance n'est pas évoquée lors de la commémoration du 14 juillet. Chaque année, c'est le récit du combat de la Ferme

1. VERNANT Jean-Pierre dans *Mémoire et Histoire : La Résistance*, sous la direction de GUILLON Jean-Marie et LABORIE Pierre, Éditions Privat, Toulouse, 1995, p. 345.

de Richemont qui est lu, parfois enjolivé de détails imaginaires. Il décrit la lutte inégale entre une poignée de maquisards, âgés de 17 à 23 ans, et des soldats allemands épaulés de miliciens qui, n'arrivant pas à bout de leur défense, durent aller chercher une pièce d'artillerie et pilonner la maison pour les écraser. Après l'appel des morts, des poésies sont lues par les enfants des écoles ou des lycéens de l'établissement Michel-de-Montaigne à Bordeaux, où certains d'entre eux étaient élèves. Tous les discours des autorités locales présentes évoquent leur courage, leur héroïsme, leur don de soi, leur exemplarité. Plus surprenant encore, la cérémonie commence par une messe comme s'il s'agissait d'un maquis catholique – laïcité oblige, les autorités n'y assistent pas, elles arrivent juste après. Or, François Mossé, le lieutenant responsable de ce maquis, ainsi que son cousin Jacques Glotz, étaient juifs. Deux des trois survivants du combat, Driss Ben Miloud et Miliani Ben Mekki, étaient des tirailleurs marocains évadés d'un camp de prisonniers et très probablement musulmans... Ce rituel mémoriel ne nous éloigne-t-il pas de la vérité ? A-t-on cherché à reconstituer les « faits tels qu'ils ont eu lieu », à savoir « comment les choses s'étaient mises en place » ? Ou n'a-t-on retenu que l'émotion et le scandale que suscitait la mort atroce de treize jeunes gens ?

C'est toute la difficulté de l'histoire de la Résistance française. D'abord écrite par ceux qui l'avaient faite, elle a entretenu la confusion entre mémoire et histoire.

L'historien doit « expliquer et non émouvoir », comme le définit Olivier Wieviorka : « Or, la Résistance décourage le regard froid. L'engagement de si nobles figures suscite respect et admiration, la torture ou la mort qu'endurèrent héros connus ou anonymes ne peuvent laisser indifférent. L'historien doit pourtant s'abstenir d'y céder. Il verserait, sinon, dans l'hagiographie et abdiquerait le sens critique qui fonde sa discipline[1]. »

Un autre aspect, plus discret, plus insidieux, comme un courant contraire sous la surface d'une rivière, accompagne certains

1. WIEVIORKA Olivier, *Histoire de la Résistance*, 1940-1945, Éditions Perrin, Paris, 2013, p. 17.

récits du combat de Saucats: sous l'héroïsation de la tragédie se cache un discrédit. Si ces jeunes héros ont été trahis et vaincus, c'est parce qu'ils avaient commis des imprudences. D'ailleurs, « tout le monde savait », les « Allemands savaient », ils n'ont pas eu besoin de la trahison de Marcel Hostein, un jour ou l'autre, le maquis aurait été défait. Pourquoi cette fatalité de l'échec? Qu'est-ce qu'un maquis? Comment survit-il? Quelles sont les règles du jeu en 1944 après le Débarquement? Quelles étaient leurs chances face à la répression nazie et à celle de la Milice? Peut-être presque nulles en effet, mais qui le savait à ce moment-là? Qui pouvait peser les dangers et décider de la meilleure décision à prendre pour à la fois sortir vainqueur et indemne de ce combat inégal[1]?

« Les héros n'ont pas besoin de légende, ils ont surtout besoin de vérité » écrivait au quotidien *Le Monde* Élise Frydman dans une lettre ouverte à Robert Guédiguian à propos de son film *L'Armée du crime*[2]. Je suis partie à la recherche de cette vérité, en effectuant un travail d'historienne, c'est-à-dire en vérifiant les informations connues et énoncées, en retraçant le parcours de chacun de ces garçons durant les quatre années de guerre et en tâchant de retrouver dans les archives la place de ce maquis et son contexte.

Le mémorial de la Ferme de Richemont à Saucats

À 30 kilomètres au sud de Bordeaux, dans la lande girondine, sur le territoire de la commune de Saucats, se dresse une stèle de béton de 35 mètres de hauteur: le mémorial de la Ferme de Richemont dédié aux martyrs de la Résistance dans le Sud-Ouest. Conçue par l'architecte André Méry-Riboulet en 1948, elle est décorée de quatre sculptures d'Armande Marty, hautes de 7,80 m chacune,

1. DARTIGUES André, *Les hommes en blanc dans la clandestinité*, Comité d'Histoire de Bordeaux et la Gironde, Bordeaux, 1996, pp. 61-63 dans lequel il affirme avoir tenté de décourager Jean Dietlin des dangers inutiles de cette entreprise et qualifie le combat de Saucats d'un « acte gratuit d'héroïsme national ».
2. FRYDMAN Élise, « Lettre ouverte à Robert Guédiguian », *Le Monde*, 26-11-2009. Dans ce film, Robert Guédiguian présente un récit romancé du groupe FTP-MOI auquel appartenait Missak Manouchian.

représentant la Victoire, le Courage, la Foi et le Sacrifice. Son érection est décidée dès 1946 et elle est inaugurée le 6 juin 1953.

On y accède par une route de 12 mètres de large et 2 kilomètres de long, créée pour desservir exclusivement le monument. À la suite des incendies de l'été 1949 et des travaux entrepris pour sa construction, le paysage a été complètement bouleversé : au taillis boisé et planté de pins qui dissimulait la ferme abandonnée a succédé la platitude des champs de maïs. Le monument appartient au département de la Gironde. Inscrit à l'Inventaire supplémentaire des monuments historiques en 2005, il est entretenu par une association, le Comité du mémorial de la Ferme de Richemont qui, chaque année, organise la cérémonie de commémoration.

Cette stèle rappelle le combat inégal d'un groupe de jeunes résistants contre plusieurs dizaines de miliciens français et de soldats allemands le matin du 14 juillet 1944. De la ferme où eut lieu le combat il ne reste plus que quelques moellons formant un muret et un linteau de fenêtre transformé en porte avec deux montants reconstitués. Sur la face intérieure de la porte sont gravés les noms de treize jeunes gens : Lucien ANÈRE, Jean-Pierre BOURON, Jean-Claude BRUNEAU, Guy CÉLÉRIER, Daniel DIETLIN, Jacques GLOTZ, Christian HUAULT, Roger HURTEAU, François MOSSÉ, Michel PICON, Jacques ROUIN, Roger SABATÉ, André TAILLEFER.

Sur la face extérieure des montants, à gauche, on peut lire :

« Le 14 juillet 1944, en ce lieu même, dans la Ferme de Richemont où ils avaient constitué une école de cadres au service de la Résistance française, 13 jeunes hommes appartenant à l'élite intellectuelle de la nation [et sur la partie droite] tombent sous les balles ennemies après trois heures d'un combat héroïque et inégal. C'est pour rappeler leur sacrifice et celui de tous ceux qui sont tombés pour la même cause que ce mémorial a été édifié. »

Ces quelques phrases résument ce qu'il s'est passé : il existait un maquis et celui-ci a été détruit. Cependant, sous une apparente précision, toutes les informations inscrites sur ce monument soulèvent plus de questions qu'elles n'y répondent : qu'est-ce qu'une « école des cadres au service de la Résistance ? » Qui sont ces jeunes gens dont il est précisé qu'ils « appartiennent à l'élite intellectuelle de la nation ? » Et enfin que signifie « balles ennemies » ?

Tout ce que l'on sait sur ces jeunes résistants se trouve résumé dans une modeste brochure ornée d'une croix de Lorraine et qui a pour titre *Le combat de Saucats, un symbole de la Résistance, 14 juillet 1944*, éditée en 1946 par le lycée Michel-de-Montaigne de Bordeaux.

Sur les premières pages figure la liste des « treize jeunes héros tombés sous les balles ennemies », suivie de la photographie de la première page d'un manuel de chirurgie appartenant à Jacques Rouin, retrouvé dans les décombres de la ferme. Elle porte écrite de sa main la devise de Bournazel : « Mon âme est à Dieu, mon corps à la France, mon honneur à moi. » Elle est attribuée à l'ensemble du maquis, classé ainsi d'inspiration catholique et nationaliste. Et c'est avec cette devise que commence le texte d'une allocution prononcée par Maurice Schumann à la radiodiffusion française, le 16 juillet 1945, à la mémoire de ces jeunes résistants, reproduite dans le livret.

Les notices biographiques de chacune des victimes, rédigées par leurs familles, suivies du récit de la formation du maquis et du combat, écrit par un des trois survivants, Philippe Bèguerie, composent le corps de l'ouvrage.

Ensuite vient un texte qui raconte comment le lycée Michel-de-Montaigne fut informé du drame, le 22 juillet 1944, et le récit de l'hommage que rendit la ville de Bordeaux aux « Héros de Saucats », le 21 avril 1945, à la suite duquel les familles purent inhumer les corps de leurs enfants dans les cimetières de leur choix.

La brochure se termine par le projet de mémorial porté par un ancien élève du lycée, Roger Lhombreaud, président du Comité du mémorial de la Ferme de Richemont, accompagné d'une photographie de la maquette du monument. Le dernier paragraphe de cette brochure insiste sur le culte mis en place autour de ce drame :

« Ce Mémorial, mes amis, érigeons-le, tous, comme les bâtisseurs de cathédrales élevaient jadis leurs sanctuaires : posons avec amour ces pierres qui doivent indiquer qu'en cet endroit, en un jour qui n'était pas comme les autres, puisque c'était un

14 juillet, douze jeunes gens, portant en eux l'exemple de milliers et de milliers d'autres, nous ont dicté pendant trois heures d'un combat inégal une leçon impérissable de bravoure, de ténacité et d'honneur, de vertus qui ont accru, comme disait Maurice Barrès, "sinon le bien être, du moins la Beauté et puis aussi la Dignité de notre espèce"[1]. »

L'émotion qui a soulevé la ville de Bordeaux, le lycée Michel-de-Montaigne où plusieurs de ces jeunes gens étaient élèves, le chagrin des familles les a figés dans une image héroïque et sacralisée, sous la bannière de la religion catholique et d'un patriotisme incarné par la citation de Maurice Barrès.

Mais ces valeurs étaient-elles les leurs ? Ce groupe était-il homogène idéologiquement ? D'où venaient ces jeunes gens qui se regroupent pour former un maquis en juin 1944 alors que le débarquement allié a eu lieu ? Quel a été leur parcours de résistants durant les quatre années de l'Occupation ? Dans quel mouvement de résistance s'inscrit leur démarche ?

Autant de questions auxquelles j'ai tenté de répondre. Pour commencer, j'ai consulté leurs dossiers d'homologation de résistants établis par leurs familles[2].

En effet, dès la fin de la guerre, le problème de l'officialisation et de la reconnaissance des faits de résistance s'est posé. Afin de permettre aux résistants survivants, ou à leurs ayants droit, de percevoir une pension, de recevoir une décoration ou d'autres titres de reconnaissance, il était nécessaire de remplir un dossier récapitulant leur parcours qui se voyait ensuite validé par une commission. Première surprise, si ces dossiers permettent d'établir la biographie du résistant concerné, ils se révèlent de qualités très inégales : certains sont lacunaires, d'autres au contraire très complets. Tout dépend de ce que la famille a su de leur engagement, par définition clandestin, et donc secret. La logique administrative

1. COLLECTIF, *Le Combat de Saucats, un symbole de la Résistance, 14 juillet 1944*, Bordeaux 1946, p. 76.
2. Ces dossiers enregistrés sous la côte GR 16 P, par ordre alphabétique des noms de famille, sont consultables au Service historique de la défense à Vincennes.

n'est pas celle de l'historien et s'applique difficilement à des parcours complexes, en évolution constante au gré des aléas et des dangers de la lutte clandestine. Ces dossiers représentent donc une source précieuse qu'il faut questionner et recouper mais posent un problème : l'attribution de l'homologation ne prend en compte que l'activité résistante la plus récente. Si, comme c'est bien souvent le cas, un résistant s'est engagé dès le début de l'Occupation et qu'il a appartenu à plusieurs réseaux ou mouvements successivement et parfois simultanément, cela n'apparaîtra pas forcément dans son dossier[1]. J'ai dans un premier temps comparé les dossiers des treize morts de Saucats avec les biographies rédigées pour la brochure éditée par le lycée Montaigne, *Le combat de Saucats*. Au contraire des dossiers administratifs, presque exclusivement factuels, elles ont été écrites par les familles dans l'émotion et le chagrin. En fonction de chacun des parcours individuels revendiqués, j'ai essayé d'en trouver la confirmation dans les archives de la Seconde Guerre mondiale, conservées au Service historique de la défense, aux Archives nationales et dans différentes Archives départementales.

Toutes ces enquêtes n'ont pas abouti. Pour certains membres de ce groupe je n'ai trouvé que peu d'informations, mais elles m'ont permis de retracer des parcours de résistants beaucoup moins lisses et homogènes que le récit officiel. Elles m'ont entraînée de Paris à Lyon et Grenoble avant de revenir à Bordeaux, car tous n'étaient pas originaires du Sud-Ouest. J'ai également tenté de reconstituer le contexte de ces quatre années d'Occupation, de la défaite de mai 1940 à ce combat de juillet 1944. Et ainsi donner à ces jeunes hommes toute leur place dans cette lutte contre le nazisme et pour la liberté, dont ils ont, volontairement et courageusement, été acteurs.

1. BLANC Julien, « Une source irremplaçable mais biaisée : les dossiers d'homologation des résistants » dans *Chercheurs en résistance, pistes et outils à l'usage des historiens*, collectif, sous la direction de BLANC Julien et VAST Cécile, PUR, Rennes, 2014, pp. 135-150.

PARCOURS DE RÉSISTANTS

Résistants et juifs

> *Je veux lutter dangereusement pour les idéaux de liberté qui, tu le sais, m'ont toujours inspiré. J'ai acquis dans l'épreuve un amour de la France plus fort, plus immédiat, plus tangible que tout ce que j'ai éprouvé autrefois, quand la vie était douce et, somme toute, facile. Et voici que mon départ, par une chance inattendue, peut servir la France autant que celui de beaucoup de soldats... Enfin, accessoirement, j'ai la volonté de venger tant de juifs torturés et assassinés par une barbarie dont l'histoire n'offre pas de précédents.*
> *Il est bien qu'un juif de plus – il y en a tant déjà, si tu savais ! prenne sa part entière dans la libération de notre patrie*[1]*...*

François Mossé, dit *Noël*, est le « lieutenant » qui commande le maquis de la Ferme de Richemont. Ce grade n'a rien à voir avec les grades de l'armée ni avec le fait qu'il serait militaire de formation – il ne l'est pas –, mais la Résistance confirme officiellement par ce titre son autorité sur son groupe. Il arrive à Bordeaux au printemps 1944 accompagné de son cousin Jacques Glotz, dit *Rivière*, et tous deux sont juifs. Apparemment, aucun de leurs camarades ne les a distingués comme tels, leur anonymat est resté total, au point qu'ils ont été les derniers à être identifiés à la suite de la découverte des corps par la gendarmerie nationale.

1. Jacques Bingen (1908-1943), dans une lettre à sa mère datée du 15 août 1943. Volontaire de la France libre dès 1940, il est versé au BCRA et se lie avec Jean Moulin. À la suite de l'arrestation de ce dernier en 1943, il se porte volontaire comme délégué du CFLN pour la zone sud. Le 12 mai 1944, trahi par un agent double au service de l'*Abwehr*, il est arrêté à Clermont-Ferrand. Échouant à s'évader, il se suicide en avalant une capsule de cyanure. Son corps n'a jamais été retrouvé.

Cet anonymat était doublement nécessaire, en tant que résistants – avec le choix d'un pseudonyme leur permettant de protéger leurs familles en cas d'arrestation – et en tant que juifs.

La Résistance « ne fut guère hantée par le sauvetage des juifs[1] », de la même manière, son historiographie fait assez peu cas des résistants juifs. Comme si ces derniers, d'abord victimes de la Shoah, n'avaient pas eux aussi risqué leur vie en s'engageant dans les combats de la Résistance.

Les juifs résistants eux-mêmes n'ont pas mis en avant leur judaïsme, car les raisons pour lesquelles ils s'étaient engagés n'étaient pas leur appartenance religieuse et la menace de la déportation. C'est bien leur refus de l'idéologie nazie et de la collaboration de l'État pétainiste, la défense de la démocratie qui les ont motivés, et beaucoup d'entre eux étaient d'ailleurs laïcs et non pratiquants[2]. « Les juifs français sont très tôt nombreux dans les mouvements qui se créent. Leur démarche est individuelle, ils ne revendiquent aucune spécificité, ni dans les objectifs ni dans les formes d'action et c'est individuellement qu'ils sont pleinement intégrés au point d'occuper souvent un rôle de direction. [...] Ils représentent la continuité dans le mode d'engagement politique des juifs de France ; les mouvements constituent pour eux une société alternative dans laquelle ils restent citoyens à part entière[3]. » Néanmoins un grand nombre d'entre eux, arrêtés comme résistants, s'ils étaient identifiés comme juifs par les nazis, étaient déportés vers les camps d'extermination.

En 1939, environ 330 000 juifs sont établis en France sur 41 600 000 habitants. Il ne s'agit pas d'une communauté homogène, un tiers d'entre eux appartiennent depuis longtemps à la société laïque et républicaine ; les autres, venus d'Europe centrale ou orientale, naturalisés pour certains depuis 1927[4], font partie de

1. WIEVIORKA O., déjà cité, p. 226.
2. Yves Meyer, entretien du 15-01-2015.
3. POZNANSKI Renée, « Les juifs dans la Résistance » dans *Dictionnaire historique de la Résistance*, sous la direction de MARCOT François avec la collaboration de LEROUX Bruno et LEVISSE-TOUZÉ Christine, Paris, Robert Laffont, coll. « Bouquins », 2006, pp. 897-898.
4. La loi du 10 août 1927 facilite l'accès à la nationalité française de tous les étrangers.

réseaux d'organisations sociales juives pour faciliter leur intégration. La défaite et l'occupation de la zone nord, l'instauration du régime de Vichy en zone sud et l'établissement de lois antisémites les marginalisent et les mettent tous en danger.

En zone sud, deux statuts d'exclusion des juifs sont promulgués, en octobre 1940 et en juin 1941. En zone nord, une ordonnance allemande de juin 1942 rend obligatoire le port de l'étoile jaune, « l'étoile juive », en public, pour tous les juifs de plus de six ans. Après novembre 1942 et l'occupation de l'ensemble du territoire par les Allemands, l'exclusion et la traque des juifs s'accentuent encore. « Puis dans le cadre de l'application en France de la "solution finale", les juifs sont raflés en masse, acheminés vers Drancy, avant d'être déportés en Pologne vers les camps de la mort. 76 000 juifs de France trouveront ainsi la mort[1]. » Dans ce contexte il était plus sûr pour un juif de se cacher que de se livrer à une activité combattante qui le désignait à l'attention des services répressifs[2].

François Mossé n'est pas le seul de sa famille à être entré en résistance. Sa famille paternelle, originaire de Tunisie, illustre cet engagement rendu encore plus dangereux pour eux. Son oncle comme son père se sont engagés et ont été confrontés au pire. Les récits sont parallèles. Étrangement, à aucun moment il ne semble que les destinées de ces trois hommes, durant ces quatre années d'occupation de la France, se soient croisées. Et pourtant il existe une similitude dans leur choix inébranlable. Ils illustrent l'engagement dans la Résistance avec tous ses imprévus et ses dangers. C'est pourquoi il m'a semblé que le contexte familial de François Mossé devait être reconstitué dans la mesure où je le pouvais.

1. POZNANSKI Renée, déjà cité, pp. 897-898. Auxquels il faut ajouter 3 000 juifs morts dans les camps d'internement français et un millier d'entre eux exécutés en France. 2 566 survivants sont rentrés des camps, soit 3 % des déportés.
2. WIEVIORKA Olivier, déjà cité, p. 116.

Fernand Mossé, le survivant

Un article du quotidien *Sud Ouest*, rendant compte de la cérémonie du 21 avril 1945 en l'honneur des jeunes maquisards de Saucats, cite parmi les personnalités qui assistent à la célébration un commandant Malloy-Mossé [*sic*], « parent d'une des victimes et représentant personnel de Monsieur le garde des Sceaux[1] ». Il s'agit de Fernand Isaac Mossé, qui a ajouté son pseudonyme de résistant, *Maloy*, à son nom de famille. Né le 23 novembre 1897 à Tunis, avocat comme son frère aîné Jules Moïse, le père de François, il est entré en résistance en 1940[2].

Ancien combattant volontaire de la Première Guerre mondiale, Fernand Mossé s'est engagé dès 1914 à l'âge de 17 ans ; démobilisé en 1919, il est décoré de la médaille militaire et de la Croix de guerre. Il part pour Alger où il fait ses études de droit, exerce d'abord au barreau de Tunis de 1925 à 1933 puis s'inscrit au barreau de Paris. Il s'est marié et a eu un fils, Robert, né en 1923, puis il a divorcé. Appelé sous les drapeaux en 1940, il est démobilisé à Souillac dans le Lot au mois d'août et rejoint Marseille. Là, il commence à prendre des contacts pour entrer en résistance, revient à Paris et tente de regrouper des personnes qui veulent continuer la lutte. Cette première partie de son activité ne se fait pas dans le cadre d'un réseau précis – peu sont déjà établis durant l'année 1940. Il est homologué en « qualité d'isolé ». Alors qu'en zone sud contrôlée par Vichy, les premiers résistants essaient de mener une action plus politique, de propagande contre le régime, en zone nord, les premières formations clandestines tentent de s'armer afin de lutter militairement contre l'occupant. C'est le cas de Fernand Mossé qui, avec des contacts à Marseille et à Lille, rassemble des armes. Repéré par la police allemande, ce groupe n'a pas le temps de se structurer et Fernand est arrêté le 6 janvier 1941 pour activité subversive. Il est condamné à six mois de prison pour détention d'armes. Sorti de prison en juillet, il est arrêté le 21 août 1941 par la police française et conduit avec une quarantaine de

1. *Sud Ouest* 23-04-1945.
2. SHD GR 16 P 432840.

ses confrères du barreau de Paris, tous juifs, au camp de Drancy*. Fernand Mossé décide de s'évader. Le 14 janvier 1942, coiffé d'un chapeau et dissimulant le bas de son visage dans son cache-nez, il quitte le camp alors qu'un de ses confrères parle aux gardes et que la sentinelle est rentrée dans sa guérite pour se protéger du froid. Il organise son passage en zone libre à bicyclette en franchissant la ligne de démarcation à Châlons-sur-Saône et rejoint Marseille. Il intègre ce qui n'est pas encore le réseau Brutus, mais *Froment*, du pseudonyme de Boris Fourcaud qui l'anime. Ce réseau de renseignement, en lien direct avec le BCRA à Londres, a été mis en place par son frère, Pierre Fourcaud, en 1941. Ce dernier ayant été arrêté en novembre de la même année, Boris a pris le relais. En 1943 il s'engage dans la RAF en Angleterre et ce sont les avocats marseillais André Boyer et Gaston Deferre qui donneront au réseau Brutus un véritable développement, en zone nord comme en zone sud, et le rattacheront au parti socialiste clandestin[1].

Après l'arrivée des Allemands à Marseille en novembre 1942, Fernand Mossé, craignant d'être identifié, choisit de passer en Espagne afin de rejoindre Londres où il arrive le 6 juin 1943, après un long parcours par le Portugal et le Maroc. Une fois passé le filtre des interrogatoires de *Patriotic School*[2] il est affecté aux services de René Cassin[3] comme capitaine de justice militaire jusqu'au 1er octobre 1944. Il revient à Paris pour rejoindre le Commissariat à la Justice, au service des recherches des crimes de guerre ennemis. Lorsque la présence de Fernand Maloy-Mossé est mentionnée aux cérémonies du 21 avril 1945, le garde des Sceaux

1.* Les mots marqués d'un astérisque* font l'objet dans développement dans le chapitre « Pour aller plus loin... », p. 149.
GUILLON Jean-Marie « Brutus » dans *Dictionnaire historique de la Résistance*, pp. 145-146.
2. Afin d'éviter l'infiltration d'agents ennemis, toute personne arrivant en Angleterre était conduite à *Patriotic School*, ancien pensionnat transformé en centre d'accueil, à des fins de contrôle. Le séjour imposé pouvait durer de quelques jours à quelques semaines.
3. René Cassin (1887-1945). Ancien combattant de la Première Guerre mondiale, professeur de droit éminent, juif et républicain, il rejoint De Gaulle en juin 1940 à Londres. D'abord responsable du service juridique de la France libre, il en rédige les textes fondateurs. En 1941, il devient commissaire à la Justice et à l'Instruction publique du Comité national français; en 1943, il prend la présidence du Comité juridique de la France libre et participe à l'Assemblée consultative provisoire qu'il a contribué à créer. Jusqu'en 1945, il est également le représentant français à la Commission d'enquête sur les crimes de guerre.

qu'il représente est alors Pierre-Henri Teitgen[1]. Après la guerre, Fernand Mossé reprend son métier d'avocat. Il s'implique dans les dossiers d'homologation de son neveu et de son frère aîné, le père de François, qui n'est pas rentré d'Auschwitz où il a été déporté.

Jules Mossé, un disparu d'Auschwitz

Jules Moïse, né également à Tunis en 1891, est de six ans plus âgé que son frère, mais leurs parcours sont tout à fait parallèles. Il est avocat, licencié en droit, en lettres et en philosophie. Comme Fernand, c'est un ancien combattant de la Première Guerre mondiale. Il est franc-maçon, ce qui est confirmé par son inscription sur le mur du souvenir du mémorial du Grand Orient de France, 16 rue Cadet à Paris; il appartenait à la loge L: La Réunion de Toulon. C'est un brillant avocat à la cour d'appel de Paris, élu secrétaire de la Conférence pour l'année 1920-1921, premier récipiendaire du prix Louis-Helbronner, qui récompense le sixième secrétaire. En 1933, il s'installe à Toulon, s'inscrivant au barreau de la ville. Il est alors séparé de son épouse, la mère de François. L'engagement résistant de Jules Mossé s'effectue d'abord comme avocat de ce qui deviendra le mouvement Combat dans le Var. Il plaide, en juin 1941, pour deux militants arrêtés alors qu'ils distribuaient des journaux clandestins. Maître Mossé obtient pour eux une liberté provisoire qui est mise à profit par le mouvement pour les exfiltrer vers l'Espagne puis le Maroc. En septembre 1941, il défend Henri Amigas-*Deloncle* accusé de propagande antinationale. Ce dernier sera par la suite le chef départemental de Combat pour le Var[2]. En 1942, Jules Mossé rejoint le groupe d'action armée, composé d'officiers, sous-officiers et combattants républicains, mené par Joseph Orsini, rattaché à Combat, dans le cadre de l'Armée secrète[3]. Mais, le 13 septembre 1943, il est arrêté par

1. Pierre-Henri Teitgen (1908-1997). Professeur de droit, il fonde à Lyon avec François de Menthon le mouvement Liberté. Ils fusionnent avec Combat à Grenoble en novembre 1941. Il participe à l'élaboration des textes qui régiront la France libre et est nommé ministre de la Justice en juin 1945.
2. AN 72AJ 47/3 pièce 13.
3. SHD GR 16 P 432846.

la police allemande. D'abord transféré à la prison Saint-Roch de Toulon jusqu'au 23 septembre, il rejoint jusqu'au 28 septembre la prison Saint-Pierre de Marseille d'où il est conduit au camp de Drancy. Il est déporté comme juif le 7 octobre 1943 par le convoi n° 60 qui arrive à Auschwitz le 12 octobre. Sur 1 000 déportés, seulement 31 reviendront en 1945[1].

Cécile Kaestle, sa compagne depuis 1926, a joint au dossier d'homologation un document rare dans les dossiers administratifs, la lettre* qu'elle a reçue d'un témoin et qui nous renseigne sur la disparition de Jules Mossé.

François Mossé et Jacques Glotz

Quelle connaissance François Mossé a-t-il eu de l'engagement de son oncle et de son père ? D'après la lettre reçue par Cécile Kaestle, Jules Mossé croit que son fils a rejoint les Forces françaises libres en Angleterre, ce qui n'a jamais été le cas.

François est né le 14 novembre 1921, au domicile de ses parents, 22 rue de Washington dans le 8e arrondissement de Paris. Son père est alors un jeune avocat de 29 ans et sa mère Simone, née Gelbmann, âgée de 27 ans, est au foyer. Gustave Glotz, « grand-oncle de l'enfant » et grand-père de Jacques Glotz, est témoin de la déclaration de naissance, ce qui établit la parenté de ces deux cousins, François et Jacques. Cette présence confirme la grande proximité des familles Gelbmann et Glotz : la mère de Simone Gelbmann, la grand-mère de François, est née Glotz et est la sœur de l'helléniste Gustave Glotz, universitaire reconnu, professeur à la Sorbonne, membre de l'Institut, spécialiste renommé de l'Antiquité grecque. À son décès en 1935, il a légué sa bibliothèque à l'université[2] et une revue annuelle d'histoire de l'Antiquité, *Les cahiers du centre Gustave Glotz*, porte toujours son nom.

1. https://www.yadvashem.org/fr/shoah.html.
2. Aujourd'hui bibliothèque Gernet-Glotz, 2 rue Vivienne, Paris 75002, à la mémoire de deux grands historiens de l'Antiquité, Gustave Glotz (1862-1935) et Louis Gernet (1882-1962).

De l'enfance de François nous ne savons rien, sinon qu'il est fils unique de parents divorcés et qu'il reste vivre avec sa mère à Paris après que son père est parti pour Toulon. Il semble avoir été un brillant élève – lauréat du concours général d'anglais – et, après son baccalauréat, il est à la fois étudiant en sciences politiques et employé de banque. Est-ce pour financer ses études ? Ces informations contenues dans son dossier d'homologation restent invérifiables.

Jacques Glotz est un peu plus jeune que François, il est né le 10 février 1923 à Paris, de Georges Glotz, ancien combattant de la Première Guerre mondiale, décoré de la Croix de guerre, et de Denise Horvilleur, mère au foyer. Les témoins majeurs de sa naissance sont ses deux grands-pères, Nathan Horvilleur et Gustave Glotz. Son petit-fils a dû bien connaître ce dernier, lui qui est présenté par ses parents comme un enfant très érudit. Jacques a un frère aîné, Jean-Pierre, mobilisé et fait prisonnier en 1940, qui reviendra en France en 1945, et un jeune demi-frère, Michel, né en 1931 du remariage de leur père après le décès de leur mère. Dès 1940, comme François, Jacques fait partie de ces jeunes gens qui opposent un refus absolu à la défaite.

L'entrée en résistance

Le parcours de résistant de François est très difficile à établir, il reste en grande partie insaisissable. Il est caractéristique des aléas que rencontrent ceux qui font le choix de la clandestinité. Après la guerre, sa mère a rempli son dossier d'homologation[1] en recherchant des informations auprès de témoins survivants. En procédant à des recoupements, on ne retrouve pas François là où son dossier indique qu'il était. Son engagement de résistant est indéniable mais son parcours se révèle bien différent de ce qui est raconté sur lui au lendemain de la guerre.

Les difficultés que rencontre sa mère en retraçant ses quatre années de clandestinité sont un révélateur involontaire de celles,

1. SHD GR 16 P 432843.

considérables, auxquelles sont confrontés tous ces jeunes gens qui entrent en résistance et veulent agir contre l'occupant. Il n'est pas facile de trouver sa place dans la clandestinité : savoir à qui se fier, dans quelle filière s'engager, quel type d'action entreprendre ? Autant d'embûches au long d'un parcours très périlleux, dont l'issue est bien souvent fatale tant les forces en présence sont disproportionnées.

François serait parti pour Lyon et entré en résistance dès janvier 1941 auprès du mouvement Combat. Pourquoi Lyon ? Qu'y fait-il ? Une explication serait que nombre de juifs français font le choix de quitter Paris occupé pour se réfugier en zone libre où, malgré les lois antisémites de Vichy, ils pensent être mieux protégés que dans celle directement sous contrôle allemand.

Première difficulté, son nom n'apparaît jamais dans les archives de ce mouvement, ni même le nom de celui qui atteste de son engagement et qui signe *Pascal* – donc d'un pseudonyme – de l'Armée secrète. En janvier 1941, le mouvement Combat n'existait pas encore. Henri Frenay[1] crée bien un groupe à Lyon, dès cette époque, mais celui-ci a alors pour nom Libération nationale. Il ne deviendra Combat qu'en novembre 1941, à Grenoble, lors de sa fusion avec le groupe Liberté. Quant à l'Armée secrète, elle se met en place en octobre 1942, à l'initiative de Jean Moulin[2], sous l'autorité du général Delestraint[3]. Problème de dates donc et

1. Henri Frenay (1903-1988), créateur et dirigeant du mouvement Combat autour de trois objectifs : le renseignement, la propagande et le militaire. Son organisation, très méthodique, se structure sur le découpage administratif des zones libre et occupée.

2. Jean Moulin (1899-1943). Préfet révoqué par Vichy, se rend à Londres en septembre 1941 où de Gaulle le nomme son représentant personnel et délégué du Comité national en zone libre. Parachuté en Provence en janvier 1942, il est chargé de coordonner les mouvements de résistance et d'obtenir de leurs chefs la reconnaissance de l'autorité du Général. Malgré beaucoup de tensions et d'opposition il obtient leurs ralliements et annonce en mai 1943 la création du CNR qu'il préside. Trahi, il est arrêté par la police allemande lors d'une réunion à Caluire (69) le 21 juin et meurt des suites de ses tortures.

3. Charles Delestraint (1870-1945). Général de brigade, il a sous son commandement le général de Gaulle durant la campagne de France de 1940. Retraité à la suite de l'armistice, il maintient une attitude critique à l'égard du maréchal Pétain. En août 1942, il est sollicité pour prendre le commandement d'une armée secrète, séparée des mouvements, qui doit venir en renfort des Alliés après le débarquement. Arrêté à Paris en juin 1943, quelques jours avant Jean Moulin, il est déporté en mars 1944 et abattu d'une balle dans la nuque alors que les Alliés approchent du camp de Dachau où il est détenu.

de responsable également, puisque *Pascal*, le signataire, n'est pas identifié.

Le dossier d'homologation de Jacques Glotz ne mentionne que son appartenance aux FFI et sa mort au combat du maquis de la Ferme de Richemont. Pour trouver quelques détails supplémentaires sur son engagement, il faut se référer au livret *Le combat de Saucats* et à la biographie qui lui est consacrée. Il a été envoyé par ses parents en zone libre au lycée de Grenoble où il effectue son année scolaire 1940-1941. À la rentrée 1941, il rejoint sa grand-mère à Lyon où elle s'est réfugiée et effectue l'année scolaire 1941-1942 dans cette ville, au lycée Ampère[1].

Lyon et la prison de Montluc

À quel type d'action participe François à l'automne 1940 à Lyon alors que les réseaux et les mouvements de résistance en sont à leurs balbutiements ? La propagande par la distribution de tracts paraît le plus plausible. C'est la première forme d'action entreprise par ceux qui sont encore lycéens ou étudiants mais veulent cependant agir. Dans quel cadre ? Je n'ai pu l'établir.

Néanmoins, en raison de ce premier engagement résistant, François est arrêté et condamné par le tribunal militaire de Montluc à Lyon à un an d'emprisonnement, le 14 février 1941. Selon les archives de la prison, François Mossé a bien été arrêté et son nom figure à plusieurs reprises sur les registres pour l'année 1941[2]. Il est enregistré comme prévenu pour la journée du 11 février 1941. Sous le nom de Jean [*sic*] Mossé, il est condamné à un an de prison, du 1er août 1941 au 1er août 1942, en raison « d'actes de nature à nuire à [illisible] ». À la date du 14 novembre 1941, le journal des souches enregistre le paiement d'une amende de 170,20 francs. On peut supposer qu'il s'agit du jour de sa sortie, sa peine ayant été suspendue, selon son dossier d'homologation, par le général commandant la région militaire de Lyon, en

1. *Le combat de Saucats*, p. 20.
2. SHD 13 J 1527 archives de la prison militaire de Montluc.

novembre 1941[1]. François a effectué six mois de peine et est libéré le jour de son anniversaire.

La prison de Montluc a été édifiée en 1921 mais elle est si peu utilisée qu'elle est sur le point d'être désaffectée lorsque débute la Seconde Guerre mondiale. Dès 1939, elle devient un lieu de détention pour les militaires insoumis ou déserteurs et une prison politique pour les militants communistes à la suite du pacte de non-agression signé entre Hitler et Staline en août 1939. À partir de l'été 1940, l'État français va y intensifier l'internement de prisonniers politiques accusés d'avoir porté atteinte à la sûreté de l'État. À la suite de l'occupation de la zone libre en novembre 1942, elle devient prison militaire allemande où, sous la haute autorité de Klaus Barbie, nombre de résistants seront torturés avant d'être transférés vers les camps de concentration ou fusillés[2].

Au Chantier de la jeunesse

Dès sa sortie de la prison de Montluc, François rejoint, au mois de décembre 1941, un Chantier de la jeunesse*. Cet épisode n'est pas mentionné dans *Le combat de Saucats* mais figure dans son dossier d'homologation. Y est-il envoyé en échange de sa remise de peine ? Dans la mesure où les chantiers ont pour vocation de former une nouvelle jeunesse acquise aux idéaux de la Révolution nationale prônée par le régime de Vichy, il serait tout à fait envisageable que des jeunes gens, dont la conduite a été jugée surtout comme irréfléchie, puissent représenter la parfaite recrue à éduquer.

Il rejoint, à Artemare, dans l'Ain, le Chantier n° 43, dit Sidi-Brahim, où il est nommé chef d'équipe.

Jacques Glotz est également enrôlé dans les chantiers, mais pour une brève période, de mai à juillet 1942. Il en est chassé en

1. Général Robert de Saint-Vincent (1882-1954), gouverneur militaire de Lyon de juillet 1941 à août 1942. Il est limogé pour avoir refusé la participation de l'armée dans la déportation des juifs, ce qui lui vaut le titre de Juste parmi les nations. Il n'est pas remplacé par le gouvernement de Vichy. Depuis 2010 La prison de Montluc à Lyon est un mémorial national.

2. GRANDE Antoine, « Résister et survivre à Montluc », dans *Lyon dans la Seconde Guerre mondiale*, Collectif, PUR, 2016, pp. 305-317.

tant que juif car à compter du 23 juillet 1942 : « Les jeunes actuellement en stage dans les Chantiers et qui sont juifs au regard de la loi du 2 juin 1941 seront libérés. Dorénavant aucun juif ne peut, après promulgation de la loi, être admis au stage[1]. » Il rejoint ses parents dans « le petit coin de Touraine où ils se cachent » et fait des tentatives de départ pour l'Algérie ou l'Angleterre qui s'avèrent toutes infructueuses[2]. François effectue ses huit mois réglementaires, soit jusqu'en août 1942.

L'invasion de la zone libre par les Allemands, le 11 novembre 1942, en riposte au débarquement anglo-américain en Afrique du Nord, marque un tournant. Les Italiens ont le contrôle des Alpes, du lac Léman jusqu'à la côte méditerranéenne du nord au sud, jusqu'au Rhône et au département du Var à l'est, ainsi que la Corse. Les Allemands les prennent de vitesse pour s'assurer le contrôle de Lyon et Marseille. Le régime de Vichy cherche à donner le change et, pour tenter de préserver l'illusion de sa souveraineté, le maréchal Pétain confie les pleins pouvoirs à Pierre Laval, chef du gouvernement depuis avril 1942. Le 27 novembre, la flotte française se saborde à Toulon.

De sa sortie du Chantier de la jeunesse jusqu'à l'été 1943, soit pendant une année entière, il est très difficile de suivre le parcours de François. Selon son dossier d'homologation et sa notice biographique dans *Le Combat de Saucats,* il aurait d'abord rejoint le mouvement Combat à Nice. Aucun recoupement possible, aucune précision complémentaire ne permettent de confirmer cet engagement. Les mouvements comme les réseaux, par nature clandestins, n'ont pas toujours généré d'archives permettant d'effectuer les vérifications nécessaires. Est-il revenu à Paris ? A-t-il rejoint son père à Toulon ? Aucune information, sinon qu'au printemps 1943, il reçoit sa convocation au STO comme des centaines de milliers de jeunes de sa classe d'âge.

---

1. PÉCOUT Christophe, « Pour une autre histoire des Chantiers de la jeunesse (1940-1944) », *Vingtième Siècle, Revue d'Histoire,* 2012/4 N°116, pp. 97-107.
2. *Le combat de Saucats*, p. 20. Le dossier d'homologation de Jacques Glotz, rempli par ses parents, est réduit au strict minimum et apporte fort peu d'informations : SHD GR 16 P 259802.

Le Service du travail obligatoire (STO)

La création de la Milice au mois de janvier 1943 et l'instauration du Service du travail obligatoire en février confirment l'intensification de la collaboration avec l'Allemagne nazie du gouvernement de Vichy et vont, par ailleurs, simplifier l'engagement de ceux qui veulent agir contre le nazisme et la collaboration. « S'il est un évènement décisif dans l'histoire de la Résistance, c'est bien la création du Service du travail obligatoire en Allemagne. Il est immédiatement perçu comme tel et plus rien ne sera comme avant: il déstabilise les organisations de résistance, transforme profondément leurs relations avec la population et ouvre des perspectives d'actions nouvelles[1]. » L'astreinte au travail obligatoire de tous les jeunes Français par tranches d'âge – ce sont celles de 1920 à 1922 qui sont d'abord convoquées – provoque un choc dans la population. Ce « service » est ressenti comme une « déportation » et crée un sentiment d'urgence: il faut préserver les jeunes Français de ce départ forcé vers un inconnu dangereux.

Avant l'instauration du STO, Vichy avait déjà essayé de répondre au besoin de main-d'œuvre du Reich sur la base du volontariat. Il s'agissait de la Relève, mise en place en mai 1942. En contrepartie du départ de trois ouvriers français pour les usines allemandes, le retour d'un prisonnier de guerre était garanti. En dépit d'une propagande intensive du gouvernement de Vichy en faveur de cette mesure, avec des slogans tels que « Je travaille en Allemagne pour la Relève, pour ma famille, pour la France, fais comme moi » ou plus offensif encore: « Ils donnent leur sang! ». Cette politique est déjà très impopulaire. « Les affiches sont lacérées ou maculées; la publication des listes de prisonniers rapatriés est interdite car ne correspondant pas aux attentes[2]. »

Avec le STO, ce ne sont plus seulement les ouvriers qui sont concernés mais toute la jeunesse. Seuls les agriculteurs, les mineurs, les pompiers et les étudiants sont temporairement

1. MARCOT François, « 16 février 1943 : le Service du travail obligatoire » dans *Dictionnaire historique de la Résistance*, déjà cité, pp. 623-624.
2. Évelyne GAYME « La politique de la Relève et l'image du prisonnier de guerre », *Inflexions* 2012-2013 N° 21, pp. 201-208.

exemptés. L'objectif de Fritz Sauckel, ministre du Reich en charge de la main-d'œuvre, est de fournir à l'effort de guerre allemand 250 000 travailleurs dont 150 000 spécialistes.

« Sans attendre la publication des convocations pour leur recensement – prélude à la procédure du départ forcé –, de nombreux Français ont déjà désobéi et pris la fuite, le plus souvent avec l'aide de la population[1]. » La majorité de ces réfractaires, si elle entre dans la clandestinité, est loin de choisir l'engagement dans la Résistance. Elle se contente de se cacher des autorités en se dissimulant dans les familles, en prenant un emploi de forestier ou d'ouvrier agricole dans des régions différentes, en privilégiant des solutions individuelles. « Quand la circulaire du 8 octobre 1943 permet aux réfractaires de régulariser leur situation par l'embauche d'une entreprise travaillant pour l'Allemagne, un très grand nombre opte pour cette solution : non au travail en Allemagne mais oui au travail pour l'Allemagne en France[2]. » Sur le chiffre de 250 000 à 300 000 opposants au STO, on estime que 10 à 20 % d'entre eux font le choix d'entrer au maquis, soit 30 000 à 40 000 garçons que les mouvements de Résistance doivent intégrer.

Le Service national maquis

Le mouvement le plus réactif devant cet afflux spontané de jeunes réfractaires est Combat. Henri Frenay met en place très rapidement leur encadrement et présente à Londres un plan sur la façon d'utiliser ces jeunes qu'il faudrait approvisionner par des parachutages en armes, équipements et vivres. Peut-être pour ne pas inquiéter Londres, « il écarte l'idée de bataille rangée » mais propose « des opérations soudaines et rapides » contre l'ennemi. « Frenay n'est également pas sans quelques arrière-pensées, les maquis devant permettre à ses yeux de renforcer la résistance intérieure, qui serait dotée d'une structure militaire indépendante, ne relevant pas des

1. SIMONNET Stéphane, *Maquis et maquisards, la Résistance en armes, 1942-1944*, Éditions Belin, Paris, 2015, p. 17.
2. MARCOT François, dans *Dictionnaire historique de la Résistance*, déjà cité, p. 624.

directives de Londres. Frenay tiendrait ainsi sa revanche, après s'être fait déposséder de l'Armée secrète par Jean Moulin qui avait imposé aux Mouvements de séparer branche politique et branche militaire, plaçant cette dernière et son chef, le général Delestraint, directement sous les ordres du général de Gaulle[1]. »

Pour canaliser cette arrivée massive et spontanée de réfractaires qu'il fallait transformer en combattants, et créer une force indépendamment de l'Armée secrète, le mouvement Combat met en place le Service national maquis en avril 1943. Henri Frenay en confie d'abord la direction à Michel Brault, *Jérôme,* un avocat d'affaires de 48 ans dont il apprécie le sens de l'organisation, avec pour adjoint Georges Rebattet, *Cheval*, chargé de l'aspect pratique de l'organisation des maquis[2]. Il se montre efficace et lorsque Michel Brault décide de se rendre à Londres en novembre 1943 y plaider la cause des maquis, obtenir des armes et des financements, Georges Rebattet lui succède à la tête de l'organisation[3]. Il assure la prise en charge des maquis existants, la création de nouveaux camps, l'encadrement, le ravitaillement et l'armement.

Selon les mémoires d'Henri Frenay citées par Fabrice Grenard[4], ce serait d'ailleurs Michel Brault qui le premier aurait employé l'expression « prendre le maquis » pour caractériser l'action des clandestins se réfugiant dans des camps afin d'échapper au STO. L'expression faisait jusqu'alors référence à la végétation méditerranéenne de la Corse, basse mais touffue, dans laquelle les bandits trouvaient à se cacher. À partir de l'été 1943, le mot maquis entre communément dans le vocabulaire. Les résistants deviennent des maquisards, tandis que pour les autorités de Vichy ils sont des

1. GRENARD Fabrice, *Les maquisards, combattre dans la France occupée*, Éditions Vendémiaire, Paris, 2019, p. 90.
2. Georges Rebattet (1907-1976). Directeur des ventes dans une entreprise commerciale et lieutenant de cavalerie de réserve, il est mobilisé en septembre 1939. Il effectue la campagne de France au cours de laquelle il est cité à l'ordre de l'armée. Opposé au gouvernement de Vichy, il a ses premiers contacts avec la Résistance en 1942 comme agent de liaison pour Combat.
3. AN 72AJ 47/I pièce 1. Georges Rebattet est fait compagnon de la Libération le 18 juin 1944.
4. GRENARD Fabrice, déjà cité, p. 21.

« hors-la-loi » ou des « terroristes ». À la Libération les maquis seront devenus les symboles incontestés de la Résistance.

Durant le printemps et l'été 1943, les efforts d'organisation du Service national maquis portent surtout sur la zone sud, en appliquant la répartition géographique déjà mise en place par Combat avec le recrutement de responsables régionaux, qui distribuent les fonds, nomment les responsables départementaux et les chefs des maquis. Il est étendu à la zone nord, qui compte beaucoup moins de maquis, à partir d'août 1943. Le principe est de constituer des petites unités mobiles et prêtes à une action immédiate.

De façon à former l'encadrement des maquis, Robert Soulage, *Sarrazac*, un officier de carrière et ami d'Henri Frenay, propose la création d'une école des cadres. Au programme : une instruction militaire, une formation morale, civique et politique. Robert Soulage avait espéré rallier des officiers et sous-officiers de l'armée d'armistice dissoute[1]. C'est une déception, les officiers, même hostiles à l'occupant, ne le sont pas forcément au gouvernement de Vichy ; il existe également au sein de l'armée un rejet de l'allié britannique... De leur côté, bien des mouvements se méfient également des militaires, dont ils dénoncent la fidélité au maréchal Pétain et qu'ils considèrent comme plus favorables au général Giraud[2] qu'au général de Gaulle. « Pour toutes ces raisons et cette méfiance partagée, les militaires choisiront plutôt de travailler sous leurs propres couleurs, celles portées par l'Organisation de résistance de l'armée, l'ORA, de structure clandestine, destinée à fédérer l'ensemble des militaires destinés à agir[3]. »

Au printemps 1943, la multiplication des maquis alimentés par les réfractaires, l'arrestation du général Delestraint le 9 juin à Paris, puis celle de Jean Moulin le 21 juin à Caluire, font voler en

1. AN 72AJ 47/I pièce 8.
2. Henri Giraud (1879-1949). Saint-cyrien, il est promu général en 1930. Fait prisonnier le 18 mai 1940, il soutient la Révolution nationale mais son évasion, le 12 avril 1942, de la forteresse de Königstein en fait pour les Américains une alternative à de Gaulle. Exfiltré en Algérie, il est imposé comme co-président du CFLN avec de Gaulle. Il en est écarté en novembre 1943 ainsi que du commandement des forces françaises en Afrique du Nord en avril 1944.
3. SIMONNET Stéphane, *Maquis et Maquisards, La Résistance en armes*, 1942-1944, p. 51.

éclats l'entreprise d'unification de la Résistance. Concernant les maquis, « jusqu'à la fin de l'année 1943, à l'exception du maquis du Vercors, la France libre se préoccupera donc peu du développement des maquis et par conséquent de leur emploi dans sa stratégie militaire[1]. »

Au Vercors ?

L'information de la création de maquis en réaction au STO circule parmi les jeunes gens concernés qui, en cette année 1943, souhaitent s'engager et entrer dans la clandestinité. François Mossé, après avoir reçu par deux fois sa convocation au STO, serait – toujours selon son dossier d'homologation – parti commander le maquis d'Albiez-le-Vieux en Savoie jusqu'en juillet 1943, puis un autre maquis au-dessus de Saint-Agnan-en-Vercors dans la Drôme de juillet à novembre. Cependant des recherches et témoignages prouvent que François Mossé n'est jamais allé ni dans l'un, ni dans l'autre de ces lieux. Dans son dossier d'homologation se trouve une attestation datée de 1952 provenant de l'Amicale des pionniers et combattants du Vercors qui précise : « L'intéressé [François Mossé] ne figure pas sur les contrôles du Vercors et il ne nous a pas été possible de retrouver la trace de son activité au VERCORS. »

Pourtant, François Mossé est bien passé par le Vercors, mais pas là où son dossier le situe. Ses neveux disposent d'une photographie de groupe sur laquelle il figure posant devant une tente dite Marabout, typique de celles utilisées par les Chantiers de la jeunesse. La même photo se trouve sur le site du musée de la Résistance en ligne[2]. Elle représente le Camp C6 à Darbounouze, au-dessus de Corrençon-en-Vercors dans l'Isère, à l'été 1943. Le premier à gauche est le chef de camp, Gaston Cathala-*Grange*, né en 1908 ; à ses côtés, coiffé de son calot, sa pipe à la main, François Mossé.

Le camp C6 a été créé dès février 1943 par la section locale du mouvement Combat, de Saint-Jean-en-Royans. « Tout au long de

1. SIMONNET Stéphane, déjà cité, p. 54.
2. http://museedelaresistanceenligne.org/media7888-Le-camp-C6-A#fiche-tab

son existence, le C6 connut plusieurs fusions et son effectif fut en perpétuelle mutation[1]. » La tente Marabout, un seul piquet central lui donnant cette forme ronde qui évoque le tombeau des saints de l'Islam en Algérie, a été récupérée sur le Chantier de la jeunesse de Gresse-en-Vercors. Elle était convoitée, car elle facilitait le nomadisme des maquisards.

Quand François a-t-il rejoint puis quitté ce maquis ? Sous quel nom ou pseudonyme était-il connu ? Cette photographie prouve qu'il est bien allé dans le Vercors, mais il n'y est resté que très peu de temps. C'est durant cet été 1943 qu'il a retrouvé ses deux amis d'enfance, Jean-Claude et Jean-François Rozan, qui se trouvaient à Grenoble.

Car il y a plus étonnant encore : alors que François Mossé est inscrit sur le monument aux morts du village de Tréminis, éponyme d'un maquis attaqué par les Allemands le 19 octobre 1943, ce lieu n'apparaît ni dans son dossier, ni dans sa biographie du *Combat de Saucats*.

L'étrange monument aux morts de Tréminis

Le village de Tréminis se trouve dans la petite région du Trièves, à 70 kilomètres au sud de Grenoble. À 800 mètres d'altitude, il est environné de montagnes qui culminent au Grand-Ferrand à 2758 mètres. Composée de quatre hameaux, la commune compte aujourd'hui 180 habitants contre 320 à la veille de la Seconde Guerre mondiale. Au centre du hameau de Château-Bas, sur une petite place qui a pris le nom de Robert-Barthalais, s'élève un monument aux morts dédié « à la mémoire des combattants du dispositif Maurienne-Dévoluy » et « en commémoration du combat livré contre les Allemands par le camp-école de Tréminis le 19 octobre 1943 ». Ce monument porte dix-neuf noms, dont celui de François Mossé.

1. RAFFIN Alain, *Les camps du Vercors, essai de synthèse*, musée de la Résistance en ligne, http://museedelaresistanceenligne.org/musee/doc/pdf/161.pdf

Une résistante, Marcelle Reynaud, a mené une passionnante enquête en 1993 sur ce maquis, en faisant appel à tous les survivants et témoins qu'elle pouvait retrouver et en recoupant leurs informations[1].

Concernant le monument lui-même, inauguré le 19 octobre 1946, elle s'interroge sur l'appellation de « dispositif Maurienne-Dévoluy. » « S'il y a eu, à Albiez, en Maurienne, un camp dont *Lanval* était le chef, le Dévoluy n'a connu que quelques coups de main des résistants. Pour l'exactitude historique et géographique, le Trièves devait remplacer le Dévoluy », première confusion[2].

Deuxième confusion, il n'y a pas eu de « combat livré contre les Allemands » puisque, trop peu armés, les maquisards, à peine alertés, ont appliqué la consigne du repli. Un maquisard a été tué lors de l'assaut et ceux qui ont été arrêtés protégeaient ce repli ou ont été pris au village. Il ne s'agit pas non plus d'un camp-école tel que défini par Robert Soulage-*Sarrazac,* mais bien d'un maquis[3].

Ensuite Marcelle Reynaud définit trois cercles de noms sur ce monument, distinction bien difficile à établir car ils sont tous mêlés. Le premier cercle est celui des victimes de l'attaque par les Allemands le 19 octobre 1943. Ce qui complique encore l'affaire, c'est qu'en attaquant le camp Lanval, les Allemands ont découvert – semble-t-il par hasard – un camp formé de résistants protestants qui se trouvait non loin et qu'ils en ont arrêté les membres présents. Trois d'entre eux, morts par la suite en déportation, sont inscrits sur le monument.

Le deuxième cercle est celui des hommes passés par le maquis de Tréminis mais morts dans d'autres combats, après leur intégration dans d'autres mouvements, et « sur le troisième cercle

1. REYNAUD Marcelle, *Le maquis de Tréminis 1943,* Mémoires et documents, Seyssinet, 1995.

2. Le Dévoluy est un massif situé au sud de Grenoble et au nord-ouest de Gap. D'une superficie de 185 km^2, il compte plusieurs sommets à plus de 2000 m, dont son point culminant, l'Obiou, à 2789 m.

3. PÉROTIN Yves, dit Pothier, *La vie inimitable, dans les maquis du Trièves et du Vercors en 1943 et 1944*, pp. 79-121. En publiant le manuscrit de son père, Yves Pérotin, en 2014, Anne Pérotin-Dumon apporte un témoignage irremplaçable sur le maquis de Tréminis qui occupe les quatre premiers chapitres du livre.

s'inscrivent les noms des membres des groupes francs, agents de liaison, maquis lointains qui ne sont pas venus à Tréminis, mais ont fait, à un moment ou à un autre, partie de l'organisation. » C'est à ce troisième cercle qu'appartient François Mossé.

Mais de quelle organisation s'agit-il ? C'est alors qu'entre en scène Jacques Panijel[1] qui intervient à plusieurs reprises, sous les pseudonymes de *Commandant Plattard* ou *Capitaine Perret*, dans le dossier d'homologation de François. Il est également présent lors de l'inauguration du monument de Tréminis, le 19 octobre 1946, aux côtés du préfet de l'Isère, Albert Reynier, lui-même ancien résistant, et du maire du village, Monsieur Morin. Jacques Panijel revendique au lendemain de la guerre le commandement de ce maquis et de plusieurs autres, qu'il tente de faire homologuer sous l'appellation de Service maquis Prévost[2]. Dans ses *Mémoires d'avant la nuit*, Jean-François Rozan[3] raconte comment son frère Jean-Claude, alors étudiant à la Faculté d'Aix-en-Provence, « est approché par un curieux personnage, se disant capitaine d'active, créateur d'un réseau de résistance, le *Capitaine Perret*. Le physique fort et râblé, il avait une étonnante personnalité. Intelligent et charmeur, il n'eut aucune difficulté à convaincre Jean-Claude d'organiser un réseau de maquis armés, ce pour quoi il partit dans la région de Grenoble[4]. »

S'il a bien encouragé Jean-Claude Rozan à organiser des maquis en faisant accroire des liens avec Londres et promettant des parachutages à venir, Panijel a en réalité laissé ces très jeunes gens s'organiser tout seuls avec l'aide de la population locale. François Mossé ne l'a jamais rencontré ; pour lui comme pour tous les autres, il a rejoint le maquis Lanval, créé par son ami Jean-Claude Rozan, dont le nom et le pseudonyme figurent au centre du monument : « leur glorieux chef ». Pour sa part, Yves Meyer*

1. SHD GR 16 P 456277.
2. SHD GR 18 P 157. L'homologation du service maquis Prévost est rejetée par la commission nationale, les résistants du groupe Lanval revendiqués par Jacques Panijel sont homologués à titre individuel, selon leurs parcours ultérieurs.
3. SHD GR 16 P 526811. Jean-François (1926-2015) est le frère cadet de Jean-Claude Rozan. J'ignore quand et comment s'est fait le changement de nom des Rosenblith pour Rozan.
4. ROZAN Jean-François, *Mémoires d'avant la nuit*, p. 18.

apprend l'existence et le rôle supposé de Jacques Panijel seulement après la guerre.

Les maquis Lanval

Début août 1943, Jean-Claude Rozan-*Lanval* envoie Henri Cléret-*Arlès*[1] mettre en place un maquis à Tréminis, en Isère, tandis qu'un autre résistant, Yves Meyer-*Marchand* organise l'autre maquis à Albiez-le-Vieux en Savoie. L'implantation de ce maquis est rude mais il reçoit, comme celui de Tréminis, le soutien de la population locale. Ce qu'Yves Meyer attribue à leur jeune chef: « Le charisme de Jean-Claude Rozan et sa confiance dans la nature humaine lui permirent de trouver des sympathisants à notre cause[2]. »

Le jeune Jean-Claude Rozan, né Rosenblith, âgé de 20 ans, est donc responsable de deux maquis, qu'il approvisionne à l'aide d'un groupe franc depuis son quartier général de l'hôtel du Mont-Blanc à Grenoble. Sa famille a quitté Paris en 1940 pour Marseille en zone libre. Avec son plus jeune frère Jean-François, né en 1926, ils travaillent comme transporteurs aux halles de Marseille le matin, pour financer leurs études. Juifs d'origine, ils ont été élevés dans la religion catholique en raison de la conversion de leur père durant la Première Guerre mondiale. Ce dernier a cependant fait enregistrer sa famille sous le statut juif, en novembre 1942, lorsque la zone sud est occupée par les Allemands, se refusant à renier ses origines et confiant en la protection du maréchal Pétain[3].

---

1. SHD GR 16 P 133724. Henri Cléret (1922-2005). Saint-cyrien de la promotion 1941-1942, requis par le STO, il s'évade de la caserne où il est cantonné avant son départ pour l'Allemagne et rejoint le maquis.
2. REYNAUD Marcelle, déjà cité, p. 124.
3. Un autre frère Rozan, Jean-Pierre (1924-2005), a publié un livre de souvenirs en 1995 chez Michel Lafon, *Un trèfle à quatre feuilles: mai 43-mai 46, de la Corrèze au Danube*, qui confirme l'adoption de la foi catholique de leur père et son attachement à ses origines juives. Constantin Rosenblith, né en 1883 à Paris, fut arrêté à Nice en septembre 1943, transféré à Drancy et déporté par le convoi n° 61 du 28 octobre 1943 à destination d'Auschwitz. Il fut gazé quelques jours après.

Le groupe franc

La base arrière des deux maquis se trouve à Grenoble, il s'agit du groupe franc qui par des coups de main approvisionne les maquisards en vivres, habillement et matériel. Dans ce but, celui-ci monte des opérations sur les usines textiles ou de chaussures, des Chantiers de la jeunesse, des entrepôts de ravitaillement, des centres de distribution de tickets de rationnement.

Ce groupe franc de Grenoble, dont François Mossé et Jean-François Rozan font partie, est, selon le témoignage d'Yves Meyer, commandé par Pierre Kullmann[1]. Sa sœur Huguette est chargée des liaisons, des faux papiers et du secrétariat de l'organisation. Certains chauffeurs de l'entreprise grenobloise de transport Farsat leur livrent l'approvisionnement constitué à la suite des coups de main.

Dans ses mémoires, Jean-François Rozan résume ainsi leurs rôles: « Je retiens surtout les raids pour nous procurer armes, argent, vêtements ou nourriture de survie. Et les attaques de gendarmeries, de bureaux de poste, de camps de jeunesse et de mairies comme celle de Pont-de-Claix au cours de laquelle notre copain *Aigle* fut tué[2]. » Qui d'autre participait à cette opération ? François Mossé, selon Jean-François Rozan[3], ce que conteste Yves Meyer. Ce coup de main sur la mairie de Pont-de-Claix, à huit kilomètres au sud de Grenoble, avait pour objet la récupération de tickets de pain et de documents destinés à la fabrication de faux papiers.

Si la participation de François Mossé au groupe franc à Grenoble, évoquée par Jean-François Rozan, est avérée – « François Mossé, un copain d'enfance qui maniait le revolver dans une gaieté permanente, tué quelques mois plus tard[4] » –, son dossier d'homologation ne la mentionne pas.

1. SHD GR 16 P 324274. Pierre Kullmann est né à Paris en 1906, il commande le groupe franc à Grenoble. Il rejoint la direction des FFI après le Débarquement et se porte volontaire avec le grade de capitaine dans la première armée en novembre 1944. Il combat en Allemagne jusqu'à sa démobilisation en juillet 1945.
2. ROZAN Jean-François, déjà cité, p. 19. Jean Soukalski-*Aigle* (1922-1944) est né à Kiev et a grandi au Havre. Il meurt de ses blessures à l'hôpital de la Tronche à Grenoble, le 12 octobre 1943. Il est inscrit sur le monument de Tréminis.
3. REYNAUD Marcelle, déjà cité, p. 136.
4. ROZAN Jean-François, déjà cité, p. 19.

Au mois de novembre 1943, Yves Meyer, sur ordre de *Lanval*, transmet le commandement du maquis d'Albiez-le-Vieux à Roger Docaigne[1] ; François ne l'a donc jamais commandé, contrairement à ce qui est affirmé dans son dossier.

La méprise vient peut-être de la présence de René Mosser dans ce maquis, presque un homonyme avec lequel il est confondu lors de l'établissement du dossier. On peut y lire : « se faisait appeler Mosser René[2]. » Or René Mosser, dont le nom est également inscrit sur le monument aux morts de Tréminis, fait partie de la liste des dédicataires, les « camarades morts » de *La vie inimitable*[3].

Selon Yves Meyer, en novembre 1943, lui-même et François Mossé ont reçu, de Jean-Claude Rozan, l'ordre de se rendre à La Mure pour entraîner des mineurs espagnols réfractaires à l'action des groupes francs, notamment à la préparation d'explosifs à base de plastic[4].

La Mure est une commune de l'Isère sur la route entre Grenoble et Gap, elle se situe sur le plateau de la Matheysine où depuis le début du XIXe siècle sont exploitées des mines de charbon[5]. En janvier 1939, environ 2000 réfugiés espagnols sont arrivés en Isère lors de la *Retirada*, à la suite de la chute de la Catalogne. Le gouvernement français a rapidement utilisé cette force de travail pour l'économie de guerre. Le gouvernement de Vichy a accentué l'exploitation de ces réfugiés en formant des groupements de travailleurs étrangers, à compter de septembre 1940, chargés des travaux agricoles, des travaux publics, des mines et des ponts et chaussées. Ils ne perçoivent pas de salaire mais une éventuelle prime de rendement. Cette main-d'œuvre, exploitée et surveillée,

1. REYNAUD Marcelle, déjà cité, p. 123. Rattaché à l'AS, ce maquis participe aux combats de la libération, devenant le 4e bataillon AS de Savoie que Roger Docaigne commande avec le grade de lieutenant.
2. SHD GR 16 P 432843.
3. René Mosser (1908-1946) : arrêté en mai 1944 alors qu'il effectuait une mission pour le maquis d'Albiez-le-Vieux, il est transféré à Compiègne puis déporté à Neuengamme le 15 juillet 1944. Rentré en France en mai 1945, il est décédé des séquelles de sa déportation à l'hôpital de Nice en 1946.
4. Yves Meyer, entretien du 21-01-2015.
5. La Compagnie des mines de La Mure est nationalisée en 1946 au sein des Houillères des bassins du Dauphiné dont l'exploitation prend fin en 1997.

résiste à l'enrôlement forcé dans l'office de placement allemand institué à partir de 1942, et nombre d'entre eux s'engagent dans les maquis ou les groupes d'action[1].

L'entreprise de François et Yves est repérée par les gendarmes de La Mure qui arrêtent un des Espagnols. Ils tentent alors de le libérer à l'aide d'un explosif qu'ils déposent de nuit à l'entrée de la gendarmerie et qui n'explose pas. À la suite de cet échec, afin de ne pas être arrêtés eux-mêmes, ils rejoignent leurs camarades à Grenoble[2].

Grenoble, « capitale des maquis »

Située en zone libre puis sous contrôle italien de novembre 1942 à septembre 1943, Grenoble apparaît d'abord comme un lieu de refuge pour de nombreux juifs et résistants.

Le préfet de Grenoble, Raoul Didkowski, « totalement acquis à la politique du Maréchal[3] », est farouchement opposé aux gaullistes et aux communistes, mais à partir d'avril 1942 il manifeste son hostilité à Pierre Laval, notamment en fermant les yeux sur la fabrication de faux papiers pour les réfugiés juifs et les réfractaires du STO. Cette position fait de l'Isère un département privilégié où la Résistance peut s'organiser avec un peu moins de difficultés qu'ailleurs.

En novembre 1942, la 5e division alpine Pusteria, commandée par le général Di Castiglione, vient occuper la région et pendant quelques mois les dangers de la déportation sont suspendus pour de nombreux réfugiés. Parmi les réfugiés juifs, une minorité active est engagée dans la Résistance et participe à la création des premiers maquis[4].

Lorsque les camps de réfractaires au STO se forment en 1943, c'est dans les massifs montagneux qu'ils s'implantent. En cela,

1. DEMANGE David, « L'exil des républicains espagnols en Isère » dans *Écarts d'identité* n° 95-96, printemps 2001, pp. 87-89.
2. Yves Meyer, entretien du 04-03-2020.
3. YAGIL Limore, « Résistance et sauvetage des juifs dans le département de l'Isère (1940-1944) » dans *Guerres mondiales et conflits contemporains*, 2003/4, n° 212, pp. 51-54.
4. PÉROTIN Yves, déjà cité, p. 50.

Grenoble, immédiatement environnée des massifs du Vercors, de Belledonne et de la Chartreuse, devient une plaque tournante des départs aux maquis et une base arrière pour les mouvements.

Mais c'est un piège qui se referme avec l'occupation bien plus dure qui se met en place le 8 septembre 1943, à la suite de l'armistice signé par l'Italie avec les Alliés et l'arrivée de la Wehrmacht et de la police allemande dans toute la zone d'occupation italienne. Les Italiens avaient déjà mené des opérations contre les maquis ; le nouvel occupant, appuyé par la Milice, va les intensifier et les systématiser. La 157e division de réserve allemande, commandée par le général Karl Pflaum, vient prendre ses quartiers à Grenoble. Composée de troupes de montagne, c'est elle qui mènera l'attaque du Vercors, le 21 juillet 1944.

Dans un premier temps, le départ des Italiens offre l'opportunité aux maquis et groupes francs de récupérer des armes et des équipements. Yves Meyer raconte : « Un train de ravitaillement quittait la France pour l'Italie, Jean-Claude Rozan se trouvait ce jour-là à Saint-Jean [de-Maurienne] pour récupérer auprès du chef de gare la copie des programmes de transport entre l'Italie et la France. Le train arrêté en gare fut l'objet d'un pillage par la population locale. *Lanval* put mettre de côté quelques caisses de grenades que nous récupérâmes quelques jours plus tard[1]. » Yves Pérotin témoigne de son côté : « Il y eut aussi le coup de main sur un wagon de matériel abandonné à Corps par l'armée italienne en désagrégation après l'armistice de Badoglio. Le produit de l'opération – exécutée avec la collaboration des gens du pays – nous revint et fut un sérieux appoint : équipements, armes, outils et surtout pain de guerre, singe, pâtes, riz, vin, etc.[2] »

À la fin de l'année 1943, il devient encore plus dangereux d'être résistant à Grenoble. La répression se fait implacable : les Allemands obtiennent le remplacement de Raoul Didkowski en septembre 1943 par un préfet entièrement acquis à la collaboration et, avec le soutien de la Milice, intensifient leurs actions contre les

1. REYNAUD Marcelle, déjà cité, p. 125.
2. PÉROTIN Yves, déjà cité, p. 84. Singe : *corned beef* en conserve.

maquis dans les massifs environnants et contre les responsables de la Résistance à Grenoble.

Dans ce contexte, et à la suite de l'attaque du maquis de Tréminis le 19 octobre 1943, les équipes de *Lanval* se trouvent très fragilisées et l'organisation ébranlée. Un maquisard a été tué sur place, cinq résistants et six villageois de Tréminis ont été arrêtés, ainsi qu'un autre membre du groupe à l'hôtel du Mont-Blanc à Grenoble. Tous sont remis aux services de police allemande. Les deux abris ont été brûlés, les habitants du village compromis, le maquis ne peut se maintenir.

Au mois de novembre 1943 les actions de la Résistance se multiplient à Grenoble et avec elles la répression. Le 11 novembre une foule de 1 500 à 2 000 personnes défile au centre-ville, entonnant *La Marseillaise*. Encerclées par l'armée allemande, 600 d'entre elles sont arrêtées, 370 jeunes hommes sont déportés. Le 14 novembre, les groupes francs de Grenoble font sauter le polygone d'artillerie qui abritait des stocks d'armes et des magasins de munition. La répression est violente et spectaculaire. Du 25 au 30 novembre, onze chefs de la résistance grenobloise sont exécutés dans le cadre d'assassinats ciblés, à leur domicile, leur bureau ou bien au bord d'une route, après avoir été enlevés. Une quinzaine d'autres sont arrêtés et déportés, dans ce que les historiens ont appelé par la suite « la Saint-Barthélemy grenobloise ».

Le 2 décembre 1943, la caserne de Bonne à Grenoble est entièrement détruite par la Résistance grenobloise, faisant plus de 200 blessés dont une centaine d'Allemands, démontrant que malgré la répression celle-ci reste active[1].

La dispersion

Fin décembre 1943, un second coup terrible est porté au groupe Lanval : l'exécution de cinq des maquisards arrêtés le 19 octobre, lors de l'attaque de Tréminis. Jean-François Rozan

1. En mai 1944, la ville de Grenoble est nommée compagnon de la Libération par décret du général de Gaulle.

le découvre dans le journal où l'avis est imprimé sous la forme d'un encadré noir : « Les ressortissants français Jacques Casanova[1], Francis Lagardère[2], René Perrachon[3] [*sic* Perrochon], André Couvelier[4] [*sic* Coutelier], René Pinguet[5], ont été condamnés à mort le 26 novembre 1943 par un tribunal militaire allemand pour actes de terrorisme et pour avoir porté secours à l'ennemi. Les inculpés étaient membres de groupes de résistance armés. Le jugement a été exécuté le 23 décembre par fusillade. Signé : *Der Kommandant des Heeresgebieges Sudfrankreich* – Commandant de la zone militaire du sud de la France. » Tous sont inscrits sur le monument aux morts de Tréminis.

Pour Jean-François Rozan, c'est la fin du groupe : « À partir de ce moment, tout alla très vite. Le réseau, depuis l'attaque de Tréminis, avait été démantelé. D'autres arrestations eurent lieu dont celle de *Marchand* [Yves Meyer], le chef du camp d'Albiez. Sans doute à cause d'*Olivier*, étions-nous tous repérés à Grenoble : il était urgent d'organiser le repli et la dispersion[6]. » Quelques anciens de Tréminis rejoignent l'autre maquis Lanval à Albiez-le-Vieux.

Les arrestations au sein du groupe franc – dont celle de Jean-Claude Rozan le 27 janvier – achèvent de démanteler l'organisation. Selon Yves Pérotin : « Peu après avoir rattaché son camp d'Albiez à l'AS, *Lanval* devait être arrêté à Grenoble lors d'un

1. Jacques Casanova (1921-1943). Ébéniste et militant communiste, né en Corse, il a rejoint le maquis de Tréminis pour échapper au STO en septembre 1943.
2. Francis Lagardère (1922-1943). Originaire du Gers, réfractaire au STO, rejoint le groupe Lanval en août 1943 où il est intendant du maquis de Tréminis avant de passer au groupe franc à Grenoble. Il est arrêté en ville à la suite de la dénonciation qui conduit à l'attaque du 19 octobre.
3. René Perrochon (1920-1943). Né au Havre, cet instituteur s'est engagé avant la guerre aux Jeunesses socialistes. Refusant le STO, il fait partie, avec son ami havrais Jean Noyé, des premières recrues du maquis de Tréminis et succède à Francis Lagardère dans la fonction d'intendant. Il est arrêté au village le 19 octobre.
4. André Coutelier est né en 1920 à Nancy, mais il a grandi à Saint-Égrève en Isère, il s'est engagé au maquis de Tréminis en compagnie de son ami Jean Amigoni, tué lors de l'attaque du 19 octobre.
5. René Pinguet est né en 1922. Élève aspirant à l'École navale, il est arrêté lors de l'attaque de Tréminis pour être retourné, lors du repli, chercher ses papiers d'identité qu'il avait oubliés afin que sa famille ne soit pas identifiée par les Allemands et objet de représailles.
6. ROZAN Jean-François, déjà cité, p. 24. Jean-François Rozan est à peu près sûr que le groupe de Grenoble a été trahi par un des leurs auquel il attribue le pseudonyme d'*Olivier*.

rendez-vous imprudent[1]. » Jean-François Rozan a une autre explication : « Jean-Claude fut arrêté, dénoncé sans doute par l'un de ceux qui avaient été pris entre-temps[2]. » Pour Yves Meyer, c'est bien sur dénonciation que Jean-Claude a été arrêté, mais pas forcément par quelqu'un qui aurait trahi. La police allemande de Grenoble les avait repérés et préparé un rendez-vous dans un café avec des candidats résistants qui se sont avérés être… des « gestapistes français[3] ». D'abord détenu cours Berriat à Grenoble, Jean-Claude est transféré à Drancy comme juif[4]. Le groupe est repéré, il est impératif de trouver à chacun d'autres affectations. Qu'ils aient été au maquis ou dans le groupe franc, ou participé aux deux, les compagnons se séparent. Certains rallient le Service national maquis dirigé alors par Georges Rebattet-*Cheval*, depuis Lyon. C'est dans ce cadre que François Mossé reçoit une nouvelle affectation : Bordeaux et la Gironde[5].

Avant de rejoindre cette région, François Mossé et Jean-François Rozan n'ont qu'un objectif : exfiltrer Jean-Claude du camp de Drancy. Pour cela, ils se rendent à Paris où ils retrouvent Yves Meyer. Celui-ci confirme les propos de Jean-François Rozan : « *Denis* [pseudo de François Mossé] avait été lors de nos expéditions grenobloises, le spécialiste du camouflage en gestapiste français. Il en possédait le chapeau et les vêtements ainsi qu'une carte d'identification bidon. […] Il ne fut pas malaisé pour *Denis* de convenir avec un chef de poste que nous nous présenterions au camp en gestapistes chargés d'obtenir la livraison de Jean-Claude. Il nous fallait quelques jours pour nous procurer une voiture plausible. Le rendez-vous fut fixé au mercredi. Mais lorsque, tout ayant bien fonctionné, nous allions tenter l'aventure, *Denis* fut informé par son contact que Jean-Claude avait été déporté l'avant-veille[6]. »

Jean-Claude Rozan est déporté comme juif, sous le nom de Rosenblith le 7 mars 1944, matricule 14 672, à destination

1. PÉROTIN Yves, déjà cité, p. 123.
2. ROZAN Jean-François, déjà cité, p. 25.
3. Yves Meyer, entretien du 04-03-2021.
4. COLLECTIF, *Déportés de l'Isère*, PUG, Grenoble, p. 237.
5. SHD GR 16 P 324274
6. ROZAN Jean-François, déjà cité, pp. 25-26.

d'Auschwitz par le convoi 69. Il s'agit du plus important convoi de juifs, 1 501 déportés, dont 1 311 sont gazés dès leur arrivée au camp trois jours plus tard. Seulement vingt personnes de ce convoi reviendront en 1945[1]. Sans certitude sur la mort de Jean-Claude, Jean-François Rozan suppose que son frère aura essayé de s'évader du convoi et qu'il a été gazé dès son arrivée au camp d'extermination…

Jacques Glotz et le réseau Écarlate

Contrairement à celui de François Mossé, le dossier d'homologation de son cousin Jacques Glotz est quasiment vide. Ses parents n'ont rempli que le strict nécessaire pour que lui soit reconnue sa qualité de FFI[2]. Son parcours est plus développé dans *Le combat de Saucats*[3]. Après avoir été chassé d'un Chantier de la jeunesse en tant que juif à l'été 1942, il a rejoint sa famille qui a trouvé refuge dans un village d'Indre-et-Loire, Luzillé, à une dizaine de kilomètres au sud de la ligne de démarcation. Il n'a de cesse de vouloir s'engager mais échoue dans ses recherches à rejoindre la France libre à Londres ou à Alger. Ce que ses parents ignorent alors, c'est qu'il agit pour le compte de Jacques Nolle-*Atout-Castel*[4], un de leurs amis. Ce propriétaire exploitant à Luzillé organise des liaisons aériennes entre la Résistance intérieure et les Français libres afin d'acheminer des courriers, des fonds, des renseignements, des réceptions et départs d'agents, d'exfiltrer des aviateurs alliés, etc. Il intervient dans le cadre du réseau Écarlate, mis en place par la Section des atterrissages et des parachutages du BCRA[5]. Jacques Nolle est responsable du sous-réseau de Tours – il y en a deux autres, un pour Châteauroux, l'autre pour Loches. Un terrain d'aviation est référencé sur sa propriété sous le nom de code Planète. Plusieurs opérations par Lysander sont effectuées avec succès

1. Mémorial de la Shoah, Paris.
2. SHD GR 16 P 259802.
3. *Le combat de Saucats*, pp. 20-21.
4. SHD GR 16 P 446830.
5. VIVIER Jack *Le Réseau Écarlate* in Bulletin de la société archéologique de Touraine, Tome XLV, année 1997.

au printemps 1943. Il semble que Jacques Glotz agit dans ce cadre comme agent de liaison.

Depuis la fin de l'année 1942, le SOAM, Service des opérations aériennes et maritimes, est chargé par le BCRA de rechercher et d'homologuer des zones de débarquement le long des côtes françaises ainsi que des terrains d'atterrissage. Pour les zones de débarquement, une vedette ou un bateau de pêche attend de nuit au large de la Bretagne et les agents acheminés vers la France ou exfiltrés en Angleterre sont transbordés en canot. Les terrains d'atterrissage ou de parachutage sont prospectés par des agents ou des résistants locaux, ils doivent être suffisamment éloignés des villes et des grandes routes, suffisamment à découvert et facilement repérables par les pilotes de la Royal Air Force. « Localisé sur une carte Michelin, le terrain était ensuite transmis à Londres qui décidait ou non de l'homologuer. En cas de réponse positive il recevait un nom de code. Un message diffusé sur les ondes de la BBC annonçait ensuite aux résistants qu'une opération interviendrait la nuit suivante. Émise du sol en morse par un signal lumineux, une lettre-code indiquait alors aux pilotes que l'équipe de réception était prête à réceptionner les agents ou les containers[1]. »

Mais le 11 novembre 1943, la police allemande arrête en gare de Châteauroux un résistant qui doit partir le lendemain pour Londres. Interrogé brutalement, il indique le château de Brosse comme lieu de rendez-vous. Le 12 novembre à 4 heures du matin des militaires allemands et des membres de la police allemande font irruption dans la propriété des Nolle. Madame Nolle a le réflexe de jeter le pistolet de son mari dans les douves. Les Allemands brutalisent Jacques Nolle et les trois personnes qui devaient embarquer à bord du Lysander. L'un d'entre eux a la mâchoire fracturée. Ils interrogent également la dizaine de jeunes gens réfractaires au STO qui étaient, grâce à de faux papiers, employés sur la ferme. Ces derniers, ignorant les activités dans la résistance de Jacques Nolle, et disposant de papiers « invérifiables », puisque émanant de la préfecture de Seine-Inférieure dont les archives ont

1. WIEVIORKA Olivier, déjà cité, pp. 273-274.

brûlé en 1940, sont épargnés par la rafle. Jacques Glotz est présent, considéré comme un ami de la famille, il est laissé libre. Le château est fouillé et pillé de tout ce qui peut être emporté. L'opération prend fin vers 17 heures, les résistants identifiés – dont Jacques Nolle – sont internés et déportés – avec celui arrêté à la gare de Châteauroux[1]. Jacques Glotz se retrouve sans contact pour continuer l'action.

Tenir

À la fin de l'année 1943, l'espoir de vaincre l'Allemagne s'appuie sur des faits tangibles, même si durant toute l'année les résistants ont espéré un débarquement allié en Europe occidentale qui n'a pas eu lieu. À l'Est, le 2 février, les Soviétiques ont écrasé à Stalingrad la VIe armée du maréchal allemand Paulus, puis en juillet, ils ont repoussé les forces allemandes à Koursk. En mai 1943, les Anglo-Américains ont fait la conquête de la Tunisie et le 30 mai, De Gaulle a quitté Londres pour Alger. Le 9 juillet a lieu le débarquement en Sicile, et la lente remontée de la Péninsule italienne par les Alliés a commencé[2]. La Corse est libérée en octobre 1943.

La Résistance intérieure française, toujours traversée de nombreuses fractures, s'est structurée et organisée en lien avec la France combattante, malgré l'arrestation et la mort de Jean Moulin. Le Conseil national de la Résistance réunit l'ensemble des forces résistantes mais aussi des partis politiques traditionnels, afin de faire la preuve de sa légitimité vis-à-vis des Alliés et particulièrement des Américains. Le financement provient du CFLN, même si les envois d'argent restent aléatoires, dépendant des liaisons aériennes avec Londres.

Pour être admise à recevoir des fonds, une organisation doit présenter trois références : diffuser une presse clandestine, disposer

1. Le récit de cet épisode est documenté sur le site de la mairie de Luzillé par Madame Ennie Lordereau. https://www.luzille.fr/vivre_luzille/chateau-de-brosse-larrestation-du-12-novembre-1943/ Jacques Nolle né en 1912, marié et père de quatre enfants, déporté en janvier 1944, reviendra de Dora et Ravensbrück en 1945.
2. WIEVIORKA OLIVIER, déjà cité, p. 320.

d'un service de renseignement et mener une action militaire. Ses agents sont rémunérés en fonction de leur niveau de responsabilité : l'agent P2, permanent, reçoit une solde, le P1, qui garde une activité professionnelle, une rémunération ; et le P0, qui est occasionnel, parfois une indemnité ponctuelle. Les mouvements et les réseaux créent des services sociaux chargés d'évaluer les besoins et de prendre en charge les familles des résistants arrêtés. Ils financent les coûts de fonctionnement, les loyers des résistants entrés en clandestinité, les achats de bicyclettes*, les repas, ou – plus élevés – les achats de papiers et les coûts d'impression des journaux.

Cependant, la Résistance n'est pas une organisation homogène – elle ne le sera d'ailleurs jamais –, et sa clandestinité lui impose cloisonnements et secrets. Elle est également traversée de courants politiques rivaux, d'ambitions personnelles de ses chefs, de désaccords entre les résistants de l'intérieur et ceux de Londres. Certains refusent de reconnaître le général de Gaulle comme chef d'un gouvernement, certes provisoire, mais incarnant l'État. Ces divergences entraînent une dispersion des efforts, des actions désordonnées, parfois inefficaces, qui, si elles imposent à l'ennemi de rester sur la défensive, provoquent une répression impitoyable. Son autre très grande fragilité vient de la trahison d'agents doubles ou de révélations extorquées sous la torture. Les arrestations conduisent les victimes à la déportation *NN*[1] ou à la condamnation à mort. Nombreux sont les réseaux ainsi anéantis dont les survivants doivent quasiment tout reconstruire.

À la fin de l'année 1943, François Mossé et Jacques Glotz sont dépourvus de chefs. Jean-Claude Rozan et Jacques Nolle ayant été arrêtés et déportés, il leur faut trouver de nouvelles structures dans lesquelles s'engager afin de continuer la lutte contre l'occupant. La situation est de plus en plus dangereuse car les nazis et les forces de la collaboration intensifient leur lutte contre ceux qu'ils qualifient de « terroristes » et contre les juifs.

1. Promulgué le 7 décembre 1941, le décret Nuit et Brouillard (*Nacht und Nebel*) du maréchal Keitel spécifie que toute personne présentant un danger pour la puissance occupante serait déportée en Allemagne sans jugement et dans le secret total.

Pierre Kullmann, responsable du groupe franc de Grenoble, s'est rapproché de Georges Rebattet et du Service national maquis, comme en témoigne ce dernier : « À la fin de 1943 il [Pierre Kullmann] prépare le rattachement au Service national maquis des mouvements de résistance des divers groupes qu'il contrôle, rattachement qui devient effectif en janvier 1944, date à laquelle il est lui-même pris en charge par le Service national maquis, ainsi que plusieurs responsables de l'organisation des maquis Prévost qui reçoivent de nouvelles fonctions en zone nord ou en zone sud[1]. » La citation embellit quelque peu la réalité, les deux maquis, dissociés du groupe franc, ont rejoint d'autres organisations par des voies séparées. Pierre Kullmann a surtout mis en relation François Mossé et Yves Meyer avec le Service national maquis. Leurs destins se séparent ici.

En revanche, ceux de François Mossé et son cousin Jacques Glotz se rejoignent. Comment les deux cousins se sont-ils mis d'accord pour se retrouver, nous l'ignorons. D'après une lettre de la belle-mère de Jacques à son amie Madame Nolle, il avait rejoint son « cousin favori » en avril 1944 à Bordeaux[2]. Selon le dossier d'homologation de François, le Service national maquis l'envoie à Bordeaux comme adjoint au chef régional Dupuis [Dupuy] alias *Antoine*[3].

1. SHD GR 16 P 324274.
2. Lettre du 30 novembre 1944 de Madame Glotz à Madame Nolle, archives privées.
3. SHD GR 16 P 432843.

Bordeaux et la Gironde : entre résistance et répression

« Vous ne supposez pas que nous allons sottement laisser la France se redresser à notre frontière ? [...] Pourquoi supposez-vous que nous avons fait la guerre ? Pour leur vieux Maréchal ? Ils ont encore ri : Nous ne sommes pas des fous ni des niais : nous avons l'occasion de détruire la France, elle le sera. Pas seulement sa puissance : son âme aussi. Son âme surtout[1]. »

Lorsque François Mossé et Jacques Glotz arrivent à Bordeaux en avril ou mai 1944, ont-ils été informés de la situation difficile et particulièrement dangereuse à laquelle ils vont être confrontés ? Ont-ils un ordre de mission précis ? Des contacts ? Comment vont-ils trouver des soutiens ? Aucune archive, aucun témoignage ne permet de répondre à ces questions.

Les dossiers d'homologation des victimes du combat de Saucats établis par des familles endeuillées et désespérées ne le permettent pas plus. Les combattants ne sont reconnus que comme FFI, c'est-à-dire enrôlés au moment ultime du combat pour la Libération, après le débarquement du 6 juin 1944. Presque rien n'éclaire l'engagement des uns et des autres au cours de ces quatre années d'occupation, sinon quelques traces ténues qui apparaissent au fil de l'histoire de la Résistance bordelaise, une histoire brouillée par les effets délétères de la trahison et l'efficacité des forces conjointes des polices française et allemande.

1. VERCORS, *Le Silence de la mer*, Éditions de Minuit, Paris, 1942 pour la première édition. Disponible en livre de poche.

Alors qu'au printemps 1943, la Gironde était devenue « l'un des départements où la Résistance est le mieux implantée[1] », un an plus tard celle-ci est décimée, éparpillée en petites unités, isolées les unes des autres. Elle a toutes les difficultés du monde à se réorganiser, tant la méfiance et les rivalités se sont imposées entre résistants. Cet état des lieux est attribué à la trahison de l'un des leurs. André Grandclément, chef régional de la Résistance, a été arrêté puis convaincu par Friedrich Dohse, le chef de la police de sûreté de Bordeaux, que le principal danger n'était pas le nazisme mais le bolchevisme. Ce SS habile réussit à semer le doute dans l'esprit des résistants qui attribuent à cette trahison l'ensemble des arrestations. Or la chronologie, comme le processus de démantèlement des réseaux et des mouvements, démontrent l'existence d'un travail de renseignement effectué bien en amont. Cependant, il provoque, parmi les cadres de la Résistance, une division dont elle ne se remet pas, les uns continuant de faire confiance à Grandclément, sans voir la manipulation dont il est l'objet, et d'autres le dénonçant comme le traître absolu. Victimes de leurs désaccords, ils en perdent de vue les risques mortels face auxquels ils se trouvent : les forces impitoyables de la répression tant de la part du Reich que de l'État français. Les suspicions qu'ils entretiennent les uns vis-à-vis des autres aggravent encore leur vulnérabilité.

Dans ce contexte, comment à l'été 1944, une douzaine de garçons peu armés ont-ils pu tenir en échec des soldats allemands épaulés de miliciens trois ou quatre fois plus nombreux qu'eux ? Quelle expérience les a conduits à prendre le maquis en juin 1944 ? Quelles possibilités d'engagement résistant étaient possibles en Gironde de 1940 à 1944 pour des lycéens ou des étudiants et quels étaient les dangers encourus ?

1. TALIANO DES GARETS Françoise, « Bordeaux sous l'Occupation : collaboration, attentisme et résistance », dans *Allemagne d'aujourd'hui*, 2018/3 N° 225, pp. 166-172. Disponible en ligne : https://www.cairn.info/revue-allemagne-d-aujourd-hui-2018-3-page-166.htm

Bordeaux ville résistante ?

Dans la mémoire collective, la ville de Bordeaux, à la différence de Lyon, médaillée de la Résistance, et de Grenoble, compagnon de la Libération, n'a pas laissé le souvenir d'une ville résistante. Au contraire, son image est associée d'abord à la défaite puis à la collaboration. C'est en effet à Bordeaux que s'est replié le gouvernement devant l'avancée de l'armée allemande et, depuis cette ville, que le 17 juin, le maréchal Pétain, à la suite de la démission du gouvernement de Paul Reynaud, a appelé à « cesser le combat ». Adrien Marquet[1], le maire néosocialiste depuis 1925 et qui reste à la tête de la municipalité durant toute la guerre, est nommé ministre de l'Intérieur du gouvernement de Vichy, « fonction qu'il exerce entre juin et septembre 1940 ». Il engage résolument sa ville dans la voie de la collaboration et entretient « d'excellents rapports avec l'occupant[2] ». Ville occupée où l'armée allemande est omniprésente, Bordeaux est aussi administrée par des préfets engagés dans la collaboration.

Cependant elle est également un point de départ pour ceux qui refusent la défaite : c'est de l'aéroport de Mérignac que le général de Gaulle, sous-secrétaire d'état à la Guerre du gouvernement de Paul Reynaud, s'envole pour Londres et prononce le lendemain, sur les ondes de la BBC, son « appel du 18 juin ». C'est du port du Verdon que les parlementaires qui rejettent l'armistice embarquent à bord du *Massilia* pour rejoindre l'Afrique du Nord[3]. Parmi les 80 députés qui ne votent pas les pleins pouvoirs au maréchal Pétain le 10 juillet 1940, se trouve Jean-Fernand Audeguil (1887-1956), élu socialiste de la Gironde depuis 1936.

Et dès 1940, à Bordeaux comme ailleurs en France, la Résistance s'improvise et se met en place de façon d'abord désordonnée. Elle

---

1. Adrien Marquet (1924-1955).
2. TALIANO DES GARETS Françoise, déjà citée.
3. Le 21 juin 1940, le transatlantique *Massilia* appareille du port du Verdon avec à son bord vingt-sept parlementaires français résolus à continuer la lutte depuis l'Afrique du Nord. L'armistice est signé le 22 juin et lorsque le bateau accoste à Casablanca le 24, les élus sont consignés sur le navire puis bloqués sur place. Certains seront emprisonnés et poursuivis pour « atteinte à la sûreté de l'État ». D'autres qui réussiront à échapper à l'arrestation rejoindront la Résistance.

réunit des personnes opposées à Vichy par humanisme, justice sociale, républicanisme et laïcité ; d'autres, qui, enclines à soutenir la Révolution nationale du maréchal Pétain, ne peuvent accepter l'occupation allemande. Pour le général de Gaulle, le raisonnement géopolitique est plus vaste et implique le maintien dans la guerre. Pour les premiers résistants, confrontés à la collaboration de Vichy et l'occupation quotidienne, il faut imaginer d'autres formes d'actions.

À Bordeaux, en raison de l'importante présence militaire allemande, de son emplacement stratégique, le renseignement est la forme d'action adoptée par les premiers groupes, ou « noyaux », comme les définit Germaine Tillion, tant ils sont modestes[1].

L'histoire de ces « pionniers de la Résistance » est difficile à établir, leurs traces sont incertaines et ont été recouvertes par « la Résistance en majesté, parvenue à maturité et capable *via* des mouvements et réseaux solides de peser sur les évènements ». En raison de leur inexpérience, ils ne sont « aucunement préparés à affronter les services de police allemands et français qui se mettent immédiatement en chasse, avec comme objectif d'éradiquer la moindre manifestation d'opposition[2] ».

Dès l'automne 1940, Louis de La Bardonnie, hobereau de Dordogne, collecte des informations sur les dispositifs militaires et la base sous-marine de Bordeaux, fournies par des pilotes du port, dont Jean Fleuret qui en prend la responsabilité. Ayant réussi à faire passer ses informations aux Anglais, La Bardonnie est contacté par Gilbert Renault, le *colonel Rémy*, missionné par de Gaulle pour créer un réseau de renseignement sur toute la côte

1. TILLION Germaine, « Première résistance en zone occupée », *Esprit*, février 2000, pp. 106-124, accessible en ligne : https://esprit.presse.fr/article/tillion-germaine/premiere-resistance-en-zone-occupee-9215
2. BLANC Julien, « Du côté du musée de l'Homme : nouvelles approches de la résistance pionnière en zone occupée » dans *Guerre mondiale et conflits contemporains*, PUF, 2011/2, n° 242, pp. 51-72, disponible en ligne : https://www.cairn.info/revue-guerres-mondiales-et-conflits-contemporains-2011-2-page-51.htm

Atlantique. Ce seront les réseaux Confrérie Notre-Dame, puis Castille, qui rapporteront directement au BCRA[1].

Les origines du réseau Jade-Amicol sont plus compliquées à débrouiller. Selon André Kervella, cette dénomination lui a été attribuée après-guerre dans le cadre de l'homologation. « Jade » signerait son appartenance à L'*Intelligence Service* ou MI6 britannique, tandis qu'Amicol viendrait de la contraction des pseudonymes de Philippe Keun, *Amiral*, et de Claude Arnould[2], *colonel Ollivier*. C'est ce dernier, déjà versé dans le renseignement, qui choisit dès octobre 1940 de faire de Bordeaux et du Sud-Ouest la base de son groupe. Il prospecte les milieux catholiques bordelais et recrute un jésuite, le père Antoine Dieuzayde, animateur de mouvements de jeunesse catholiques, ainsi que Pierre Moniot, ingénieur en chef des tramways de Bordeaux, afin de rassembler des informations militaires qu'il transmet à l'*IS*[3].

En plus de réunir des informations sensibles, les premiers groupes de résistants cherchent à développer des filières d'évasion vers l'Espagne, fabriquer des faux papiers, distribuer des tracts ou des journaux pour réfuter la Révolution nationale de Vichy et la propagande nazie, organiser des sabotages, dissimuler des armes…

L'engagement de la jeunesse

Les jeunes ne sont pas absents de ces premières organisations. Bien avant la naissance des maquis en réponse au STO, certains se sont engagés et sont à l'origine des premiers groupes. C'est le cas d'André Bergez, né en 1923, étudiant à l'École océanique de Bordeaux, qui, avec ses camarades, au-delà de la distribution de tracts gaullistes, cherche à rassembler des renseignements et les communiquer utilement. Ils baptisent leur organisation l'Alliance de la

1. GRENARD Fabrice, *Le choix de la Résistance*, PUF, Paris, 2021, p. 147. Cet historien consacre tout un chapitre « La Bardonnie et le "colonel Rémy", l'origine du réseau Confrérie Notre-Dame Novembre 1940 » à l'histoire de ce réseau de renseignement.
2. SOULEAU Philippe, « Jade-Amicol » dans *Dictionnaire historique de la Résistance*, déjà cité, p. 152.
3. KERVELLA André, *Le réseau Jade, l'Intelligence service britannique au cœur de la Résistance française (Paris, Bordeaux, Brest, Lyon…)*, Éditions du Nouveau Monde, Paris 2021.

jeunesse française. Repérés comme « gaullistes » par la section des affaires politiques de la police française, la SAP, ils sont parmi les premiers arrêtés, mais faute de charges, les quatre étudiants sont relâchés en février 1941.

André Bergez entre alors en contact avec Jean-Jacques Auriac, jeune professeur agrégé de médecine et cancérologue au centre Bergonié. Ce dernier remet les renseignements collectés à la Confrérie Notre-Dame par l'intermédiaire d'un collègue chirurgien à Thouars dans les Deux-Sèvres, le docteur Chauvenet. Infiltrée par une agente, l'Alliance de la jeunesse française est trahie et en juillet 1941, une quinzaine de personnes sont arrêtées et incarcérées au fort du Hâ, dont André Bergez[1]. Il réussit à s'évader le 1er août, son groupe est anéanti, mais il continue l'action en rejoignant l'antenne de Bordeaux de l'Armée des volontaires[2].

Aucun des membres du maquis de la Ferme de Richemont n'apparaît dans ces premiers groupes de résistants, cependant, dès la rentrée de 1940, des élèves du lycée Michel-de-Montaigne s'engagent. Jean Gavard[3], en classe de première, est le fils d'un ancien combattant de la Première Guerre mondiale qui a refusé l'armistice et choisi le parti du général de Gaulle. Ses opinions familiales sont connues et au début de l'année 1941, le jeune Gavard est contacté par un camarade de classe de terminale qui le met en relation avec Marc Fleuret, le fils du pilote du port de Bordeaux et correspondant du réseau Confrérie Notre-Dame, Jean Fleuret. Pour Jean Gavard, le groupe s'appelle Espadon, ce qui est le pseudonyme de Jean Fleuret, et il n'apprendra qu'à son retour de déportation à quel réseau il a appartenu. Comme ses parents

1. www.anacr33.org/documentation/ajf/ajf. Jean-Jacques Auriac interrogé par le commissaire Poinsot obtient de regagner son domicile, il se rend dans son laboratoire de l'hôpital Bergonié et se suicide au cyanure le 19 juillet. Il avait 35 ans.
2. Mais la SAP du commissaire Poinsot à Bordeaux ne relâche pas sa traque, il est repris le 19 décembre et déporté *NN* le 9 octobre 1942 de Paris à Trèves, avec l'ensemble du mouvement. Il est condamné à mort et exécuté à Cologne le 31 août 1943. http://www.bddm.org/liv/details.php?id=I.56.#BERGEZ
3. Jean Gavard (1923-2016) a laissé un récit de son engagement dans la Résistance et de sa déportation : *Une jeunesse confisquée, 1940-1945*, Éditions l'Harmattan, Paris, 2007, et une interview sur le site du musée de la Résistance en ligne : https://museedelaresistanceenligne.org/media10289-Tmoignage-de-Jean-Gavard.

habitent un village au-delà de la ligne de démarcation, en zone libre, le lycéen dispose donc d'un laissez-passer pour rentrer chez lui lors des congés scolaires. Il transporte des documents codés dissimulés dans ses livres et cahiers qu'il remet ensuite à un correspondant. Plus tard, son laissez-passer ayant été supprimé, il se faufile et passe la ligne entre La Réole et Sauveterre-de-Guyenne avec la complicité d'amis agriculteurs. « On a utilisé mes compétences si j'ose dire, ou mes facilités, pour passer dans les deux sens, des documents et des agents », raconte-t-il. Et de préciser : « Je n'ai jamais rencontré le colonel Fleuret lui-même, par mes camarades de lycée, j'ai su qu'il y avait eu une dizaine [d'élèves] qui avaient été recrutés comme moi[1]. »

La Résistance n'est pas un mouvement de jeunesse, cependant les adultes qui la dirigent « s'appuient sur des jeunes pour l'action et pour assurer, comme le parti communiste avec les Jeunesses communistes, la relève que le combat impose[2]. » La participation de ces jeunes gens, souvent ponctuelle, est rarement documentée. Leurs tentatives de rejoindre la France libre ou leur rôle de passeurs de documents, de distributeurs de journaux, de releveurs de sites stratégiques ont rarement été racontés après la guerre. Cependant, ils sont victimes de la même féroce répression que les adultes.

Au cours de l'année 1941, à la suite de l'invasion de l'Union soviétique par l'armée allemande, le parti communiste, qui maintenait une attitude de neutralité, adopte « l'action directe » et engage des commandos à abattre des officiers allemands. Le 21 octobre 1941, l'exécution de l'officier Hans Reimers à Bordeaux[3] par un résistant communiste entraîne, dès le 24 octobre, celle de cinquante otages au camp de Souge, situé sur la commune de Martignas-en-Jalles, à la limite de la forêt des Landes. Dans le cadre de la « politique des otages », la répression de l'occupant,

1. https://museedelaresistanceenligne.org/media10289-Temoignage-de-Jean-Gavard
2. GUILLON Jean-Marie, « Jeunes », dans *Dictionnaire historique de la Résistance*, déjà cité, p. 894.
3. La première victime de cette série d'attentats est l'aspirant Moser abattu par Pierre Georges-*Colonel Fabien* le 21 août 1941 à Paris, le second a été perpétré la veille à Nantes par Gilbert Brustlein qui a exécuté le lieutenant-colonel Holtz, entraînant l'exécution des 48 otages de Nantes et Chateaubriant.

épaulée par la préfecture et la police, frappe vite et fort. La majorité des victimes sont des militants communistes (trente-cinq sur les cinquante), tous internés au camp de Mérignac. Les quinze autres, extraits du fort du Hâ, ont été arrêtés pour des faits de Résistance ou parce qu'ils tentaient de rejoindre Londres. Sur les quinze, sept sont des membres de l'Alliance de la jeunesse française et deux, des marins bretons en route pour l'Espagne, arrêtés sur la ligne de démarcation, ils ont de 18 à 21 ans[1]...

Car simultanément à l'apparition des premières résistances à l'occupation et la collaboration, les forces allemandes, comme la police de Vichy, mettent en place à Bordeaux un système de répression particulièrement efficace. Si leurs premiers objectifs sont les communistes et les syndicalistes, les premiers résistants, et parmi eux les jeunes, ne sont pas épargnés.

Les forces de la répression

Depuis l'armistice de juin 1940, l'Aquitaine est divisée par la ligne de démarcation et le littoral occupé par la *Wehrmacht*. Dès le 27 juin, les troupes d'occupation se sont implantées dans les bâtiments emblématiques de la ville de Bordeaux: la *Stadstkommandantur* (commandement militaire de la ville) dans l'hôtel particulier Ballande, en face de la cathédrale Saint-André; la *Feldgendarmerie* à la Bourse du travail, la *Feldkommandantur* (le poste de commandement) à la cité universitaire; les internats, hôtels, casernes, ont été réquisitionnés pour y cantonner les soldats, ainsi que la prison Boudet et un quartier du fort du Hâ. La *Kriegsmarine* a installé une partie de ses troupes dans le port de Bordeaux.

La structure de l'occupation va évoluer au cours de la guerre. Dans un premier temps, c'est la *Wehrmacht* qui assure la mise en place administrative et militaire de la zone occupée. En 1942, Hitler nomme le chef SS Karl-Albrecht Oberg, chef supérieur de la SS et de la police en France, et lui transfère les prérogatives de sécurité et de sanction. La *Wermacht* conserve sous son autorité la

1. https://www.fusilles-souge.asso.fr

Feldgendarmerie et l'*Abwehr* (renseignement militaire) ainsi que la gestion des prisons et des camps d'internement. « Le terme de *Gestapo* est à la fois le plus connu et le plus impropre » écrit Guillaume Pollack[1]. La *Geheime Staastspolizei* (police secrète d'État) est réservée à l'Allemagne, elle n'opère pas en France. Dans la mémoire collective, c'est pourtant elle qui reste étroitement associée à l'arbitraire et à la terreur qu'inspire la répression nazie. Oberg lui substitue, pour la France occupée, les KDS de la Sipo-SD, *Kommandos der Sicherheitspolizei und der Sicherheitsdienst* – commandements de la police de sûreté et des services de sécurité du Reich – qui ont pour mission d'assurer la sécurité des troupes d'occupation et de réprimer tout acte défiant l'autorité allemande. Il en existe dix-sept pour la zone nord, un par grande ville. Le principe est étendu à l'ensemble de la France après l'occupation de la zone sud en novembre 1942.

Un KDS est mis en place à Bordeaux, avec à sa tête Hans Luther jusqu'en octobre 1943, auquel succède Walter Machule jusqu'à la libération de la ville en août 1944. Il compte six sections qui emploient environ 120 personnes, réparties dans des propriétés cossues du cours du Maréchal-Pétain, actuel cours de la Libération, au Bouscat. Au début de l'année 1944 s'ajoute à cet appareil répressif redoutable une particularité locale, la *Hauskapelle* (orchestre de chambre), formée d'une vingtaine d'agents français et espagnols ralliés au nazisme et spécialisés dans les opérations punitives.

Parallèlement, le régime de Vichy met en place ses propres structures administratives. François Pierre-Alype et Louis Boucoiran, respectivement préfet régional et préfet délégué, fervents pétainistes, sont remplacés en 1942 par Maurice Sabatier, accompagné d'un secrétaire général, Maurice Papon, et d'un chargé des questions juives, Pierre Garat. Cette nouvelle équipe applique les accords Oberg-Bousquet de juillet 1942 et avril 1943, de collaboration policière en matière de déportation des juifs et de répression

1. POLLACK Guillaume, *L'armée du silence, Histoire des réseaux de Résistance en France 1940-1945*, Tallandier/Ministère des Armées, Paris, 2022, p. 26.

des résistants. À Bordeaux, le commissaire Pierre-Napoléon Poinsot à la tête de la SAP (Section des affaires politiques) de la police de Vichy poursuit, en collaboration étroite avec le KDS, les communistes comme les réseaux et mouvements de Résistance[1].

Mais le plus habile à démanteler et affaiblir la résistance girondine reste Friedrich Dohse, le chef de la 4e section du KDS, qui réprime les menées antiallemandes. Nommé à Bordeaux en janvier 1942, ce nazi engagé, né en 1913, a abandonné son métier d'agent commercial pour intégrer la police criminelle. Parlant français, il est nommé en 1941 au siège de la Sipo-SD, avenue Foch à Paris, puis à Bordeaux à partir de janvier 1942. Il laisse à ses subalternes et à la SAP de l'inspecteur Poinsot l'application des méthodes les plus barbares durant les interrogatoires, lui-même s'attachant à retourner la Résistance.

Les lieux de la répression

Le fort du Hâ est une prison civile depuis le XVIIIe siècle ; d'abord aménagée dans une ancienne forteresse, elle a été reconstruite en 1835, seules deux tours du château médiéval ayant été conservées. Dès l'occupation de Bordeaux fin juin 1940, les Allemands réquisitionnent une partie des locaux pour en faire une prison politique. Avec l'augmentation des arrestations, la caserne Boudet rue de Pessac à Bordeaux est également réquisitionnée pour compléter le dispositif répressif. La plupart des résistants et des juifs arrêtés séjournent dans ces prisons, avant d'être déportés, transférés au camp de Mérignac ou celui de Souge.

Le camp de Mérignac, créé dès novembre 1940 à la demande des autorités allemandes, est d'abord destiné à réunir tous les « indésirables » du département : les nomades, les étrangers, puis les prisonniers politiques et enfin les juifs. C'est dans ce camp que les autorités préfectorales et policières en collaboration avec

1. CHAUMET Michel et OLIVIER Cyril, *Comprendre la Résistance en Aquitaine*, CRDP Aquitaine, Bordeaux, 2010, p. 23.

les Allemands sélectionnent les « otages » à fusiller. Il relève de l'administration française et est gardé par des gendarmes.

Les cinquante otages fusillés à Souge le 24 octobre 1941 instaurent ce lieu comme celui des exécutions, le deuxième en France après le Mont Valérien. Sur quatre années, 256 personnes y sont fusillées : 2 en 1940, 51 en 1941, 99 en 1942, 3 en 1943, et 102 en 1944[1].

1942 : l'essor de la Résistance

L'ensemble du groupe de Jean Fleuret[2] tombe au printemps 1942, trahi par l'agent double Pierre Cartaud-*Capri*. Tous les lycéens, dont Jean Gavard, sont arrêtés en juin par l'*Abwher*, le renseignement militaire allemand, et mis au secret. Transférés à Fresnes, ils sont déportés le 25 mars 1943 pour Mauthausen sous le statut de *NN*[3].

D'autres groupes se renforcent, se tournant vers des réseaux ou des mouvements qui pourront les approvisionner en armes.

Ni Pierre-Jean Herbinger-*Bressac*[4], le créateur et animateur du réseau Mithridate, un des grands réseaux de renseignement militaire de la Résistance, ni le colonel Étienne Grandier-Vazeille, organisateur du groupe de renseignement et d'action l'Alouette à Bordeaux, n'expliquent comment ils se sont rencontrés et ont

1. Du fort du Hâ ne subsistent que deux tours, l'ensemble architectural complètement reconstruit entre 1969 et 1998 abrite aujourd'hui l'École nationale de la magistrature et le tribunal judiciaire. L'existence du camp de Mérignac aujourd'hui disparu est commémoré par une stèle à l'emplacement de ce qui devait en être l'entrée. Le camp de Souge est toujours un camp militaire, une partie a été aménagée en mémorial à la mémoire des fusillés.

2. Jean Fleuret (1895-1953). Le pilote du port de Bordeaux échappe à l'arrestation, mais sa femme est arrêtée et déportée à Ravensbrück dont elle ne rentrera pas. Passé en zone libre, il continue son activité de renseignement pour la CND. Il est arrêté en mars 1943, au cours d'un contrôle de la police allemande. Transféré à Fresnes, il est déporté à Buchenwald et libéré le 11 avril 1945. De retour à Bordeaux, il apprend le décès de son fils Marc abattu par les Allemands à Toulouse.

3. Deux d'entre eux ne reviendront pas, Jean Gavard leur a dédié son témoignage.

4. Pierre-Jean Herbinger (1899-1972). Cet ingénieur des Mines et industriel, ancien combattant de la guerre de 14-18, vit à Saint-Raphaël dans le Midi. Son activité professionnelle le conduit à voyager en Espagne où dès 1940 il prend contact avec un officier de l'*IS*. En 1943 il rattache son réseau, devenu Mithridate, au BCRA de Londres. Il couvre toute la France.

joint leurs efforts. Avant de rencontrer *Bressac*, ce groupe s'est formé par cooptation de personnes de mêmes milieux sociaux et qui partagent les mêmes opinions politiques. Officiers, médecins, chefs d'entreprises, fonctionnaires, ils ont pour certains en commun la franc-maçonnerie, pour d'autres le protestantisme. Il est intéressant de relever – car cela va à l'encontre de la propagande pétainiste – que ceux d'entre eux qui ont fait la Première Guerre mondiale ne tiennent pas le Maréchal en grande estime. Surtout, et c'est à l'origine de leur engagement, ils sont républicains et n'acceptent ni l'armistice, ni la confiscation de la République. *Bressac* présente l'Alouette comme une « formation paramilitaire, gens armés vivant chez eux, prêts à entrer en action (ils étaient 5 à 600) : les armes avaient été parachutées ou prises aux Allemands[1]. » Le colonel Grandier-Vazeille a divisé la ville de Bordeaux en secteurs avec, pour chacun, un chef qui forme et entraîne les volontaires au maniement des armes. Un groupe s'implante au sein de l'hôpital Saint-André de Bordeaux. Il a pour action d'aider les détenus, les blessés et les juifs poursuivis, par la fourniture de certificats médicaux, de cartes d'alimentations et de faux papiers. Cet hôpital est aussi un lieu de stockage des journaux clandestins avant leur distribution. C'est sans doute par l'intermédiaire du réseau Mithridate qu'ils peuvent transférer les renseignements qu'ils collectent à Londres, à *l'Intelligence Service* dans un premier temps, au BCRA par la suite.

L'Alouette diffuse le journal *Résistance*, fondé à Paris en octobre 1942, publication résolument gaulliste et républicaine qui couvre la zone nord. Un témoin raconte : « Brugidou[2], déjà engagé au réseau Mithridate, qui avec son chef le colonel Grandier-Vazeille voulait créer un journal, fut contacté, notre journal devint leur organe[3]. » Il paraît selon une périodicité mensuelle ou bimensuelle et son tirage atteint jusqu'à 90 000 exemplaires. À

1. AN 72 AJ 63 Réseau Mithridate, dossier n° 11, pièce 2, témoignage de Pierre-Jean Herbinger.
2. SHD GR 16 P 93773. Gabriel Brugidou (1896-1977).
3. AN 72 AJ 72 Mouvement Résistance, dossier 8 pièce 15, rapport de Jean Desprat.

partir de juillet 1943, *Résistance* dispose d'un supplément régional pour Bordeaux et le Sud-Ouest, rédigé et imprimé localement.

Gérard Chatelier, jeune lycéen de Longchamps[1] né en 1926, éclaire sur la façon dont les jeunes pouvaient participer aux activités de l'Alouette. Reconnu comme agent occasionnel P0 à la Libération, il circulait à bicyclette dans Bordeaux, afin de relever les batteries antiaériennes allemandes installées un peu partout. Il reporte ses observations sur des cartes qu'il remet à son père Jean-Philippe Chatelier[2]. Ce dernier est commissaire de police, né en 1890, républicain et franc-maçon. Révoqué le 1er octobre 1942, il se consacre entièrement au groupe l'Alouette[3].

Les Cahiers du Témoignage chrétien

Ce sont essentiellement des étudiants ou des lycéens qui distribuent les journaux clandestins comme *Résistance* ou les *Cahiers du Témoignage chrétien*. Ils sont rarement nommés dans les rapports des résistants qui coordonnaient la diffusion. Trois garçons tombés à Saucats s'y sont investis : Lucien Anère, Daniel Dietlin et Jean-Pierre Bouron, comme en témoigne leur homologation par Marcel Vanhove, le liquidateur du mouvement.

L'engagement en résistance des catholiques n'était pas une évidence. L'Église de France s'est majoritairement ralliée aux valeurs de la Révolution nationale : « Nous vénérons le chef de l'État autour duquel les Français doivent s'unir. Chacun doit se placer à ses côtés dans l'œuvre de redressement qu'il a entreprise sur les trois terrains de la famille, du travail et de la Patrie » proclame

1. Annexe du lycée Michel-de-Montaigne jusqu'en 1946, cet établissement, situé place Longchamps, prend le nom de lycée Montesquieu en 1948, année de la célébration du bicentennaire de *L'Esprit des Lois*.
2. SHD GR 16 P 123544 dossier d'homologation de Gérard Chatelier. Il est également l'auteur d'un livre témoignage, *Lycéen sous l'occupation*, Collection Mémoires de France, Les Dossiers d'Aquitaine, Bordeaux, 2012.
3. SHD GR 28 P4 548 (42). Selon le témoignage de son fils, le commissaire Chatelier avait également été contacté par Jean Fleuret pour le groupe CND, mais, protestant et franc-maçon, il ne se sentait pas proche du conservatisme catholique de ce réseau.

l'assemblée des cardinaux et des archevêques réunie en juillet 1941[1]. Cependant, les lecteurs de l'hebdomadaire catholique *Temps Présent* ont été avertis, dès 1939, des dangers que représentent le nazisme et son antisémitisme. Cette publication cesse de paraître après la défaite, en juin 1940, pour renaître à Lyon en décembre, sous le titre *Temps Nouveau*, mais est interdite de parution par l'État français, en septembre 1941, en raison de ses prises de position. Un groupe d'intellectuels chrétiens rassemblés à Lyon autour du jésuite Pierre Chaillet fonde un mouvement, Témoignage chrétien, dédié à la publication d'une revue, les *Cahiers du Témoignage chrétien* dont le premier numéro paraît le 15 novembre 1941. Il compte 17 pages et le terme de *chrétien* a été retenu plutôt que celui de *catholique* par souci d'œcuménisme, de façon à associer les protestants. La ligne éditoriale est celle du refus du nazisme comme du gouvernement de Vichy considéré comme favorisant l'instauration de l'Ordre nouveau hitlérien en France.

Au fil de ses parutions, les *Cahiers du Témoignage chrétien* encouragent à l'action et à la résistance armée. Les VIe et VIIe cahiers, publiés en avril-mai 1942, dénoncent la persécution antisémite. À partir de mai 1943, sous l'impulsion d'André Mandouze[2], paraît le *Courrier français du Témoignage chrétien*. Plus court mais avec un tirage plus important, destiné à tous et non plus seulement aux chrétiens engagés, il atteint une diffusion importante. Marcel Vanhove[3] prend en main la diffusion des journaux en zone nord

1. GRUBER Monique « La résistance spirituelle, fondement et soutien de la résistance active, l'exemple des *Cahiers clandestins du témoignage chrétien*, 1941-1944 » dans *Revue des sciences religieuses 78*, N° 4/2004, p. 463-467.
2. André Mandouze (1916-2006). Né à Bordeaux, il effectue sa scolarité au lycée de Longchamps jusqu'au baccalauréat. Il intègre l'École normale supérieure de la rue d'Ulm à Paris en 1937 et obtient l'agrégation de Lettres en 1939. Il entre dans la clandestinité en 1941 et jusqu'en 1944 se consacre à Témoignage chrétien aux côtés de son fondateur lyonnais, le père Chaillet.
3. Marcel Vanhove (1908-1962). Membre du réseau Bertaux à Toulouse, il est arrêté, s'évade de prison et rejoint Lyon fin 1942 où le père Chaillet lui confie l'inspection des réseaux de distribution des journaux du mouvement Témoignage chrétien. Au lendemain de la guerre, il en est le liquidateur national.

et s'adjoint pour la Gironde le père Christian Galtier[1] et le jeune Philippe Baggio[2]. « Après la guerre, parmi les cinq cents militants répertoriés, 54 % ont moins de trente ans [...] Nombreux ont agi dans d'autres mouvements, l'Armée secrète ou les maquis[3]. »

Mais aucune information sur l'organisation de la diffusion dans la ville de Bordeaux ne nous est parvenue : par quelle voie arrivaient les exemplaires ? Où étaient-ils stockés ? Quelles étaient les consignes pour la diffusion ? « Pour faire connaître ces publications clandestines – elles n'ont jamais eu de dépôt légal – il fallait des réseaux de diffuseurs dynamiques, très structurés, discrets et courageux puisque de lourdes menaces pesaient déjà sur eux », écrit Monique Gruber[4].

Rejoindre la France libre

Pour les jeunes gens qui ont le désir de participer à la libération de leur pays, l'option de rejoindre la France libre à Londres représente un fort attrait. Dès la défaite de 1940 et l'appel du général de Gaulle, des lycéens et étudiants, libres de toute obligation, ont spontanément rejoint l'Angleterre[5]. Les réseaux mettent en place des filières d'évasion, Bordeaux devient une étape pour le passage par les Pyrénées et l'Espagne. De 1940 à 1944, la péninsule Ibérique voit passer plus de 30 000 évadés français motivés par la volonté de participer à la guerre de reconquête. Et si beaucoup d'entre eux sont, dans un premier temps, internés dans des prisons ou des camps par les autorités espagnoles, ils en sont libérés après un séjour de quelques mois, sous la pression des Américains, et laissés libres de rejoindre par leurs propres moyens la Grande-Bretagne ou l'Afrique du Nord[6]. Assez rapidement, le « dispositif allemand

1. SHD GR 16 P 240947. Né en 1913, le père Christian Galtier a bien fait valider son action par Témoignage chrétien mais sans donner aucun détail sur son action.
2. Philippe Baggio est né en 1923, il n'a pas déposé de dossier d'homologation après la guerre.
3. BÉDARIDA Renée, « Témoignage chrétien », dans *Dictionnaire historique de la Résistance*, déjà cité, p. 138.
4. GRUBER Monique, déjà cité.
5. Voir le témoignage de CORDIER Alain, *Alias Caracalla*, collection Folio, Gallimard 2011.
6. BELOT Robert, « Évasions de France », dans *Dictionnaire historique de la Résistance*, déjà cité, p. 716.

d'occupation rend plus difficiles les ralliements et [...] jusqu'en novembre 1942 les départs de la France sont occasionnels. [...] La troisième vague d'engagements est consécutive au débarquement anglo-américain en Afrique du Nord du 8 novembre 1942, à l'invasion de la zone sud par les Allemands et à l'intensification de la collaboration du gouvernement de Vichy[1]. »

C'est le projet de Michel Picon, alors en classe de Mathématiques élémentaires, et de son ami Jean Desphieux, en classe préparatoire à Navale. Les deux garçons se proposent de partir ensemble pour l'Angleterre. Jean connaît une filière, mais les parents de Michel s'opposent à ce projet et Jean part seul, le 2 janvier 1943. Né le 23 janvier 1925, il va avoir 18 ans. Il ne passe pas par un réseau, comme il l'explique lors de son interrogatoire par les Forces françaises combattantes : un ami parisien l'a mis en relation avec une connaissance qui « s'occupe un peu de contrebande. Avec lui je suis allé voir des contrebandiers, c'étaient des Basques. Ils ne m'ont pas demandé d'argent et ont accepté de me faire passer la frontière en raison de la recommandation de mon camarade. Ils m'ont conduit à la frontière espagnole et m'ont remis entre les mains d'un Espagnol. J'ai passé la frontière dans la nuit du 4 au 5 janvier et je suis arrivé à Issondo [?] sans encombre. » La suite de son périple le conduit de Saint-Sébastien à Madrid. Il sollicite en vain l'aide du consulat britannique et c'est l'ambassade des États-Unis qui lui permet de rejoindre Gibraltar via Algésiras. Là, avec d'autres candidats, il se retrouve dans la situation de devoir choisir entre l'option Giraud et un embarquement pour Alger ou l'Angleterre afin de rejoindre De Gaulle. Il n'a aucune hésitation et débarque à Liverpool le 15 mars 1943, après un voyage de deux mois[2]. Michel, inquiet de ne pas avoir de nouvelles de son camarade, s'en ouvre à ses parents qui renouvellent leur interdiction de

1. LEVISSE-TOUZÉ Christine, « Forces françaises libres », dans *Dictionnaire historique de la Résistance*, déjà cité, p. 246.

2. SHD GR 16 P 180241 et GR 28 P 2335. À la suite de son arrivée à Londres, Jean Desphieux sert comme engagé volontaire au titre des Forces navales françaises libres sur l'aviso *Amiens* du 9 mai au 1er décembre 1943 puis sur l'*Aventure* du 22 janvier 1944 à la fin des hostilités. Il termine la guerre Enseigne de vaisseau 1re classe en 1945 et continue sa carrière dans la marine nationale.

départ et demandent au lycée de ne plus lui accorder de permissions de sortie jusqu'à ce qu'il ait renoncé à son projet ; sa mère a toujours regretté cette décision[1].

Un autre ami de Michel, Robert Tranchau, également en classe préparatoire à Navale au lycée Michel-de-Montaigne, a lui aussi fait le choix du départ, mais quelques mois plus tard et par une autre voie. Il prend le départ en mai 1943 pour rallier l'Espagne. D'abord interné à Molinar-de-Carransa, il s'en évade mais, repris, passe quatre mois à la prison de Bilbao. Arrivé à Casablanca le 1er janvier 1944, il aurait suivi les cours de l'École navale. Peu après le Débarquement, engagé au 1er bataillon de Choc, il fait la campagne : Toulon, Dijon, Belfort et l'Allemagne[2].

Le SOE ou les réseaux Buckmaster

L'Intelligence Service britannique ne se contente pas de recevoir des informations en provenance de réseaux locaux ; sous l'impulsion de Churchill est créé en 1941 le *Special Operation Executive*, SOE, chargé de mener des opérations de sabotages et de renseignements dans le monde entier. La section F est une de celles qui concerne la France, souvent dénommée par les résistants « Buckmaster[3] », du nom de son chef à partir de 1941. Tous les agents doivent agir en civil sous une identité française d'emprunt. Bordeaux est un site trop stratégique pour le laisser aux mains d'amateurs peu avertis.

C'est un Mauricien, Claude de Baissac, parachuté par le SOE le 30 juillet 1942 dans les environs de Nîmes, qui met sur pied le réseau *Scientist* dans la région bordelaise. Il est rejoint, au mois de septembre, par sa sœur Lise qui fait office d'agent de liaison entre plusieurs réseaux du SOE en France, puis par deux

1. Archives privées.
2. ADG W4774 Archives du lycée Michel-de-Montaigne. Après la guerre, Robert Tranchau est parti pour l'Indochine comme assistant planteur pour la Société indochinoise d'hévéas. Il est mort assassiné dans une embuscade Viet Minh en 1947, il avait 22 ans.
3. Maurice Buckmaster (1902-1992).

opérateurs radio, un Franco-anglais, Roger Landes-*Stanislas*[1], et Marcel Defence-*Dédé*, suivis d'un adjoint de Claude de Baissac, Charles Hayes. Claude de Baissac organise deux sections : « Un petit groupe de saboteurs affecté à la zone portuaire, et un groupe plus large et plus divers de résistants ruraux, certains dans les Landes entre Bordeaux et Dax, d'autres autour d'Angoulême[2]. » D'après l'historien du SOE, Michael Foot, *Scientist* se développe rapidement en Aquitaine et peut compter, selon son organisateur, sur trois à quatre mille combattants au printemps 1943 et jusqu'à onze mille hommes à l'automne. Durant l'été, les parachutages auraient permis d'armer chaque homme. Baissac intègre sans doute dans ses chiffres les hommes de l'Armée secrète, dont le groupe de Jean Duboué, établi dans l'Entre-deux-Mers, et qui bénéficie ainsi de l'armement parachuté par les Britanniques.

L'OCM en Aquitaine

Mais c'est un important mouvement de résistance, l'OCM (Organisation civile et militaire), qui va rassembler l'ensemble de ces groupes et former une organisation puissante. À l'origine de ce mouvement, comme de tous les autres, un petit noyau d'amis qui se forme à Paris, à l'automne 1940, autour de Maxime Blocq-Mascart[3], vice-président de la Confédération des travailleurs intellectuels. Au mois de décembre, ce groupe de réflexion fusionne avec celui de Jacques Arthuys[4] qui en prend la direction. Sous son impulsion énergique, l'OCM attire à elle des groupes isolés qui viennent la renforcer et développer des activités de renseignement, camouflage d'armes et filières d'évasion. Industriels, commerçants, professions libérales, officiers, enseignants, ses membres sont

1. Français par la naissance, Roger Landes (1916-2008) a passé les premières années de sa vie à Paris où son père, franco-britannique d'origine polonaise, tenait une bijouterie. Dans les années 1930 la famille s'installe en Angleterre. Son bilinguisme en fait une parfaite recrue pour le SOE.
2. FOOT Michael R.D., *Des Anglais dans la Résistance, le SOE en France, 1940-1944*, collection Texto, Éditions Tallandier, Paris, 2004,p. 393.
3. Maxime Blocq-Mascart (1894-1965).
4. Jacques Arthuys (1894-1943).

réunis par leur nationalisme et leur opposition au nazisme. Mais en décembre 1941, Jacques Arthuys est arrêté et déporté. C'est un colonel de réserve de 55 ans qui lui succède, Alfred Touny. Sous sa direction l'OCM « va prendre une extension considérable[1]. » Il entend se consacrer au combat contre l'occupant et organise le recrutement au niveau régional dans le cadre administratif imposé par l'occupation. « À la tête de chaque département, un chef responsable, avec, sous ses ordres, des chefs d'arrondissements, de cantons ou de communes. Les départements sont groupés en subdivisions de régions et en régions. À la tête de la région, un chef[2]. »

Le Sud-Ouest, la région B, compte sept départements : la Vendée, les Deux-Sèvres, la Charente, la Charente-Inférieure (aujourd'hui Maritime), la Gironde, les Landes et les Basses-Pyrénées (aujourd'hui Pyrénées-Atlantiques).

Pour la région bordelaise, un premier contact est pris avec Élisée-Jean Ferrier-*Aucaillou*. Né en 1890, directeur du Cours Anatole-France, il est mis à la retraite par le gouvernement de Vichy en 1941 pour appartenance à la franc-maçonnerie et devient représentant en librairie, ce qui lui permet de parcourir le département et de constituer des groupes pour l'OCM dans l'Entre-deux-Mers, le Bazadais et le bassin d'Arcachon. Il entre également dans le réseau Buckmaster de *l'Intelligence Service*[3]. Le colonel Rollot[4], officier d'artillerie, en charge de l'Armée secrète pour la région B, rallie à l'OCM le groupe Alouette du colonel Grandier-Vazeille.

En juin 1942, André Grandclément-*Bernard* est nommé délégué régional OCM de l'ensemble de la région B. Il réussit à fédérer les différents mouvements et réseaux et à s'entendre avec Claude de Baissac du réseau *Scientist* qui, disposant de plus de moyens, lui permet de bénéficier de parachutages d'armes.

1. CALMETTE Arthur, *L'O.C.M. Organisation civile et militaire, histoire d'un mouvement de résistance de 1940 à 1946*, p. 30.
2. CALMETTE Arthur, déjà cité, p. 75.
3. SHD GR 16 P 222244, dossier d'homologation d'Élisée-Jean Ferrier et AN 72 AJ 67 OCM dossier N° 3, pièce 17, témoignage Ferrier. C'est ainsi que les résistants du Sud-Ouest identifient le réseau *Scientist* du SOE.
4. SHD GR 16 P 518580, Jacques Rollot (1895-1963).

Tout semble réussir à cet homme, né en 1909, fils d'amiral qui, après avoir essayé de faire carrière dans l'armée, a été réformé pour raisons de santé. Devenu agent d'assurances, 34 cours de Verdun à Bordeaux, il s'est réengagé en 1939. Démobilisé, il semble d'abord partisan de la Révolution nationale et du gouvernement de Vichy mais s'en détourne pour rallier la Résistance par l'intermédiaire d'un de ses camarades, Marc O'Neill, responsable OCM pour la région parisienne. Séduisant, beau parleur, il convainc tous les responsables locaux de réseaux ou de mouvements de le rejoindre et, en s'associant à l'OCM, de composer une force de résistance considérable. Selon l'historien Arthur Calmette, les résultats sont « importants dans tous les domaines » : la filière des passages en Espagne permet de faire passer plus de 500 évadés, des renseignements sont transmis à Londres, et, dans le cadre de l'Armée secrète, plusieurs milliers d'hommes sont formés au maniement des armes et des explosifs. D'août 1942 à juillet 1943, les parachutages d'armes sont répartis sur l'ensemble de la région. En 1943, le débarquement apparaît comme imminent et « il y a donc dans la région B, une véritable petite armée, munie de quelques moyens, sérieusement encadrée, désireuse et capable d'agir[1]. »

1943 : la terrible efficacité du KDS et de la SAP

Au début de l'année 1943, les Allemands, craignant l'éventualité d'un débarquement allié sur les côtes du Sud-Ouest, renforcent, avec le Service des affaires politiques de la police française, leurs efforts sur la région. Le démembrement à Paris du réseau SOE *Prosper*, en lien étroit avec *Scientist* en Aquitaine, leur ouvre la voie[2].

À l'été, plusieurs opérations concomitantes sont à l'origine du démantèlement de la Résistance girondine. En juillet 1943,

1. CALMETTE Arthur, déjà cité, p. 105. Il chiffre cette « petite armée » à plus ou moins 4000 hommes armés et entraînés. Les chiffres restent difficiles à valider en ce qui concerne la Résistance et restent bien modestes par comparaison à la présence militaire allemande en Aquitaine.
2. FOOT Michael R.D., déjà cité, pp. 394-398.

des réfractaires du STO tentant de rejoindre des maquis en Corrèze sont arrêtés. Leurs interrogatoires permettent aux policiers de remonter leur filière et de procéder à d'autres arrestations en Dordogne et à Bordeaux. La SAP de Bordeaux de Pierre Poinsot prend le relais et procède à un certain nombre d'arrestations parmi les membres de l'Alouette qui facilitaient le passage de réfractaires vers ces maquis corréziens. Une trentaine de personnes sont arrêtées et torturées, dont Marcel Tête[1], de l'hôpital Saint-André, et le colonel Grandier-Vazeille, responsable du réseau.

Depuis plusieurs mois, la *Lutwaffe* avait observé qu'un nombre croissant de parachutages d'armes avait lieu en Gironde. Le 22 juillet, à Saint-Laurent-de-Médoc, les Allemands sont présents et arrêtent le jeune Michel Lejoly. Le 23 juillet, à Verteuil-d'Agenais dans le Lot-et-Garonne, un autre parachutage commun Alouette-*Scientist*-OCM est intercepté.

À force d'interrogatoires brutaux, le KDS comprend que ces différentes organisations convergent vers un certain *Bernard*, assureur, pseudonyme d'André Grandclément. À la suite d'une perquisition à son domicile, 34 cours de Verdun à Bordeaux, les enquêteurs auraient découvert que le fichier des polices d'assurance possibles, présent dans l'appartement, serait en réalité une liste de membres de l'OCM Aquitaine. Grandclément est à Paris, mais sa femme et un certain nombre de personnes, jusqu'à quatre-vingts selon Michel Chaumet et Cyril Olivier[2], proches ou appartenant à l'OCM, sont arrêtées.

Friedrich Dohse, chef de la 4e section du KDS, prétend que l'ensemble de l'organigramme de l'OCM lui a été donné par Christian Fossard, un des réceptionnistes du parachutage de Verteuil : « J'ai interrogé Fossard Christian toute la nuit avec l'aide de mademoiselle Kraemer, et au matin, nous étions en possession du siège de l'OCM à Bordeaux, Cours de Verdun, du nom

1. SHD, GR 16 P 566073. Déporté, Marcel Tête, né en 1899, décède à Bergenz en Autriche le 27 mai 1945. La France avait installé, pour les déportés trop malades pour être rapatriés, un hôpital sur l'île de Mainau en face de Bergenz. Peut-être est-ce là qu'est décédé Marcel Tête. Le camp de Dachau avait été libéré le 5 mai par les Américains.
2. CHAUMET Michel et OLIVIER Cyril, déjà cité, p. 212. Aucun historien ne fournit de listes nominatives des personnes arrêtées, ni des personnes libérées, venant étayer les calculs.

de “Bernard”, comme dirigeant [pseudonyme de Grandclément], Maleyran, Chazeau comme lieutenants, Thinières et Joubert comme dirigeants politiques supérieurs à Grandclément, André Noël, Renaud Dandicolle, André Julien d'Ychoux, Dussarat et Cazenave de Rions [-des-Landes]. Il nous a fourni en outre tous ses groupes, je veux dire plusieurs chefs de groupes. Il nous a fait connaître la quantité de parachutages opérés par l'OCM au moment de son arrestation. Dans l'ensemble notre service disposait d'une cinquantaine de noms après ses premiers aveux. [...] Nous avons opéré, dès le lendemain, des arrestations. J'ai chargé, ou plutôt Kunesch[1], a chargé Poinsot d'opérer les arrestations de Bordeaux, et nous nous sommes réservé celles de l'extérieur[2]. » Un peu trop parfait pour être vrai. Il semble très improbable que Christian Fossard, jeune élève de classe Terminale du cours Bossuet, né le 10 janvier 1925 à Bordeaux, chargé de réceptionner un parachutage avec d'autres résistants, ait disposé d'autant d'informations concernant l'organigramme des dirigeants de l'OCM[3]... Alors que la perquisition à son domicile n'a révélé que des tracts gaullistes et des armes. Le KDS était déjà très bien renseigné.

Le 19 septembre 1943, grâce à un agent double au service de l'*Abwher*, André Grandclément est arrêté à son tour à Paris et transféré à Bordeaux. Friedrich Dohse lui démontre que ses services ont une connaissance approfondie de l'organisation et lui propose un marché : en échange de la libération de sa femme et des personnes emprisonnées, il lui demande de remettre les dépôts d'armes parachutées, sinon sa femme sera exécutée et ses compagnons déportés. Ce dernier accepte, non sans avoir demandé leur accord à ses lieutenants. Certains le suivent alors que d'autres s'y opposent fermement ; le doute s'installe.

---

1. Collaborateur de Dohse, il dirige la section IV B du KDS qui a pour objet la lutte contre les mouvements de résistance nationale (sauf les FTP), les dépôts d'armes et les passages en Espagne.
2. AN 2000 0356/1, Dossier 1261 270 Dohse Friedrich.
3. SHD GR 16 P 229219, Yves Christian Fossard, homologué au réseau Buckmaster, c'est-à-dire *Scientist* du SOE, est déporté à Buchenwald par le convoi du 27 janvier 1944. Transféré au camp de Dora, en mars 1945, il disparaît dans un convoi à destination de Bergen-Belsen en mars 1945.

Après la guerre, Friedrich Dohse revendique un nombre considérable de libérations, près de 240 en contrepartie des remises d'armes... Il précise cependant : « Je ne suis pas formel sur ces chiffres, mais en tout cas je peux dire que les trente personnes arrêtées par nos services et Poinsot, et pour lesquelles les dossiers avaient été remis à Paris, n'ont pas pu être relâchées. Par la suite, ces personnes ont été envoyées à Compiègne, par mesure générale, comme tous ceux se trouvant au fort du Hâ[1]. »

Les historiens s'accordent sur l'irréalité des chiffres donnés par Dohse. Michel Chaumet et Cyril Olivier précisent : « Lucette Grandclément recouvre la liberté le 15 octobre. D'autres libérations auront lieu, mais là encore, il reste difficile d'y voir clair. [...] Loin des chiffres irréalistes fournis par Dohse après la libération, une liste dressée par les services allemands, le 15 novembre 1943, fait état de quatre-vingt-une libérations, dont trente-neuf avant l'arrestation de Grandclément. Une quarantaine de personnes ont donc été libérées postérieurement au marché conclu entre le Français et l'Allemand, dont nombre de lampistes, d'otages, pris dans les familles de résistants identifiés, et de proches d'André Grandclément[2]. »

Que Dohse ait concédé des libérations en échange la trahison de Grandclément est une falsification. Comme il le reconnaît, tous les résistants arrêtés au mois de juillet et pourtant rattachés à l'OCM restent incarcérés. Interrogés au fort du Hâ, transférés à Fresnes puis au camp de Royallieu à Compiègne au mois de décembre 1943 – soit trois mois après le « contrat » passé entre Grandclément et Dohse –, ils sont envoyés à Buchenwald rejoindre la cohorte de la main-d'œuvre dont le Reich avait tant besoin pour faire tourner ses usines[3]. Parmi eux plusieurs lycéens de Montaigne.

1. AN 2000 0356/1, Dossier 1261 270 Dohse Friedrich.
2. CHAUMET Michel et OLIVIER Cyril, déjà cité, p. 74.
3. WIEVIORKA Olivier, déjà cité p. 458.

Des lycéens dans la tourmente

L'un d'eux, Jean Gény[1], a livré son témoignage dans un petit ouvrage à compte d'auteur, *KLB F38 748*, son numéro de matricule. Il raconte comment il est informé de la catastrophe : « L'avant-veille (de son arrestation, soit le 27 juillet), Noël[2] et Jean-Louis [Marénaud][3], deux amis de mon âge, sont venus me voir. Dans le nord du Médoc, ils ont participé à un parachutage d'armes qui a mal tourné. Presque encerclés, ils ont réussi à s'échapper. Très courageusement, en prenant de gros risques, ils sont venus me prévenir qu'il fallait fuir immédiatement. Michel [Lejoly], chef du sous-réseau, et Christian [Fossard][4], son adjoint, venaient d'être arrêtés ainsi que beaucoup d'autres. Le chef du réseau auquel notre groupe est rattaché a dû lui aussi connaître des difficultés car ainsi que me l'a dit Jean-Louis, le signal d'alerte était sur la porte de son bureau. Malheureusement, beaucoup des nôtres ne le connaissaient pas et se sont fait prendre par la Gestapo qui y a installé une souricière. Ils m'ont conseillé de faire comme eux : me cacher en attendant de reprendre le combat. »

Jean Gény fait le choix de rester chez lui, son père est gravement malade et il craint qu'en son absence les Allemands ne reportent leurs représailles sur lui. « Quoique entré dans le réseau depuis plusieurs mois, je ne sais rien sur son organisation. Un système efficace de cloisonnement fait que je connais très peu de ses membres, et je sais par mes amis qu'ils sont, soit en fuite, soit déjà arrêtés. Ne sachant rien, je ne pourrai rien divulguer. Donc, je suis resté. […] Deux *Feldgendarmes* et deux agents du SD sont entrés, sans bruit, sans brutalité. Ils m'ont laissé le temps de me préparer et même de déjeuner. Tandis que ma mère me faisait une

1. SHD GR 16 P 251 116, né le 03-11-1924, Jean Gény a 19 ans lors de son arrestation.
2. Non identifié.
3. SHD GR 16 P 393234, Jean-Louis Marénaud, né le 21-12-1924 à Talence, « faisait partie des jeunes volontaires à l'instruction pour la constitution des groupes d'action ». Après avoir averti ses camarades des dangers encourus, il rejoint un maquis du Lot et participe aux combats de la Libération.
4. Michel Lejoly a été arrêté à Verteuil-d'Agenais dans le Lot-et-Garonne et Christian Fossard à Saint-Laurent-de-Médoc.

petite valise avec quelques affaires (elle devait s'attendre au pire), ils ont commencé à fouiller la maison[1]. »

Interné au fort du Hâ, Jean n'est confronté à aucun de ses camarades arrêtés, ni à personne de son réseau. Il est transféré à Compiègne début décembre 1943, puis à Buchenwald par le convoi du 14 décembre[2]. Dans ce même transport se trouve Jean Bréhinier, âgé de 18 ans, qui appartient aussi au réseau action de l'Alouette. C'est chez son père Édouard, 102 cours d'Alsace-Lorraine à Bordeaux qu'avait lieu la formation au maniement des armes[3].

Gabriel Delaunay, après une enquête menée au lendemain de la guerre, écrit : « Guy Loustaunneau [Loustaunnau] faisait connaître au même Poinsot les noms de cinq camarades qu'il avait recrutés : Desphieux Jean, Tranchau, Abriet, Monroy, Laporte Paul et un certain Raggio. Il révélait indépendamment du fichier d'assurances l'existence de Lejoly, de Marénaud et l'existence paramilitaire fonctionnant chez Bréhinier, cours d'Alsace-Lorraine à Bordeaux[4]. »

Abriet et Laporte Paul ne sont pas identifiés, Raggio est probablement Philippe Baggio, reconnu par le mouvement *Témoignage chrétien* comme diffuseur du journal, Monroy est sans doute Roger Monroy, déporté le 24 mai 1944 à Neuengamme et rentré le 2 mai 1945. Les deux premiers, Jean Desphieux et Robert Tranchau, élèves en classe préparatoire à Navale au lycée Michel-de-Montaigne, amis de Michel Picon, ont, à cette date, déjà quitté Bordeaux pour rejoindre la France combattante. Comme bien des résistants durant leurs interrogatoires, le jeune homme a-t-il lâché quelques informations, mélangeant le faux et le vrai afin de gagner du temps et d'en faire perdre aux enquêteurs par de vaines

1. GÉNY Jean, *KLB F 38 748*, Manège Éditions, La-Roche-sur-Yon, 2001, p. 33.
2. C'est un jeune homme brisé physiquement et moralement qui rentre en France en novembre 1945. Jean Gény ne se remettra jamais de sa déportation et apprendra à son retour qu'il appartenait au réseau action de l'Alouette rattaché au réseau Mithridate.
3. Édouard Bréhinier, SHD GR 16 P 88899, et son fils Jean, né en 1924, SHD GR 16 P 88901, ne reviendront pas de déportation.
4. AN 72AJ 68/I/pièce 2.

recherches[1] ? « Souvent marqués par des violences, les interrogatoires représentaient une rude épreuve. [...] Les résistants jouaient alors au chat et à la souris, essayant de lâcher des informations qui, espéraient-ils, seraient sans conséquences », explique Olivier Wieviorka[2].

En 1945, à la demande du lycée Michel-de-Montaigne, Jean-Louis Marénaud, alors en classe préparatoire HEC, fournit des informations concernant les élèves résistants. Il atteste que sur l'initiative de Michel Lejoly, un groupe d'élèves des classes préparatoires et de lycéens s'est formé, en octobre 1942, dans le cadre de l'OCM : « Il gagna à sa cause plusieurs jeunes gens, en particulier Jean-Claude Ruillier (centrale), Simon Lauba (centrale), [Jean] Desphieux (navale), ce dernier gagna l'Angleterre au cours des vacances de Noël 1942[3]. Il est actuellement Midship sur un bâtiment des forces navales françaises et Michel Picon (tué à Saucats) élève de Math-Élem, ainsi que Jean Gény (1re), Jean Mays (Cyr), Guy Loustaunnau (air), Élie Parant (1re). Trente-quatre jeunes gens ainsi, en mai 1943, se trouvaient prêts à encadrer la Résistance sous la direction de Michel Lejoly[4]. »

Jean-Louis Marénaud présente tout ce groupe comme affilié à l'OCM sous l'impulsion de Michel Lejoly[5] et c'est en effet par l'OCM que ce dernier est homologué dans son dossier à la Libération. S'il a été chargé par ce mouvement, c'est-à-dire par André Grandclément ou un de ses lieutenants, de composer un groupe

1. SHD GR 16 P 378624. Né le 11-04-24, Guy-Armand Loustaunnau est arrêté le 24 juillet 1943 à Saint-Laurent-de-Médoc alors qu'il réceptionnait un parachutage d'armes. Déporté le 27 janvier 1944 pour Buchenwald, transféré au camp de Dora, il disparaît en mars 1945 dans un convoi à destination de Bergen-Belsen.
2. WIEVIORKA Olivier, déjà cité, p. 460.
3. Lors de son interrogatoire en Angleterre, il est demandé à Jean Desphieux : « Avez-vous été en contact avec des organisations gaullistes ? », il répond : « Dernièrement un de mes camarades Marénaud m'avait envoyé pour être présenté au chef mais je ne l'ai pas vu. Je faisais de la distribution de tracts et nous devions faire de l'action contre les Doriotistes, je n'ai jamais été présenté. » SHD GR 28 P 2335.
4. AD Gironde W4774.
5. SHD GR 16 P 358550. Sa notice biographique dans THIERRY Laurent sous la direction de, *Le livre des 9 000 déportés de France à Mittelbau-Dora, camp de concentration et d'extermination par le travail*, Éditions Le Cherche Midi, Paris 2020, p. et https://gw.geneanet.org/alcol?lang=fr&n=lejoly&oc=0&p.=michel, rédigée par son frère Alain Lejoly.

de jeunes, aucune archive ne vient le confirmer. Et nulle trace d'une intervention de Grandclément en leur faveur. Contrairement à son propos, Jean-Louis Marénaud lui-même est homologué par Jean Herbinger-*Bressac* pour le sous-groupe Alouette du réseau Mithiridate[1]. Il est plus probable qu'ils appartenaient tous à l'Alouette et que leur chef était le colonel Grandier-Vazeille qu'André Grandclément avait réussi à rallier à l'OCM.

Né en 1924, Michel Lejoly est un brillant élève du lycée Montaigne, il est admis en classe préparatoire à Saint-Cyr en 1941, mais au cours d'un voyage en Afrique du Nord pendant l'été, il est arrêté et emprisonné par le tribunal militaire de Vichy à Meknès (Maroc) pour propagande gaulliste et pour avoir correspondu avec ses deux frères aînés, engagés dans la France libre en Afrique équatoriale française (AEF). Revenu à Bordeaux à l'automne 1941, il est exclu du lycée en raison de cette activité résistante et, tout en poursuivant ses études (il est inscrit dans une école de commerce), il s'investit dans la résistance et contacte ses camarades. Parmi ceux cités par Jean-Louis Marénaud, Jean-Claude Ruillier, Simon Lauba et Jean Mays n'ont pas rempli de dossiers d'homologation à la Libération. Élie Parant a détaillé dans le sien son rôle et, d'une manière générale, comment étaient employés les jeunes gens qui s'engageaient : « Suis chargé de repérer les individus à la solde de l'ennemi, du recrutement parmi mes camarades, deviens chef de dizaine. Repérages et plans des fortifications dans la région bordelaise. Instruction et initiation à la guérilla sous les ordres de l'instructeur Vinsonneau[2], déporté. Réunions avec armes chez moi durant le printemps 1943. Sommes envoyés en juillet 1943,

1. La confusion chez beaucoup de résistants, quant à leurs appartenances, confirme les propos de Jean Gavard et Jean Gény, bien souvent ils ne connaissaient pas, pour des raisons évidentes de sécurité, le nom de leur mouvement ou réseau.
2. SHD GR 16 P 596522. Daniel Vinsonneau appartient au réseau Alouette-Mithridate. Instructeur militaire comme Édouard Bréhinier, il est torturé lors de ses interrogatoires et déporté en janvier 1944 à Buchenwald, d'où il reviendra en 1945.

pour un parachutage aux environs de Lesparre. Le 16 juillet la police française vient arrêter mon chef [Lejoly][1]. »

S'ils n'ont pas été arrêtés, parce que non identifiés, il est très vraisemblable que quelques-uns des membres du maquis de Saucats appartenaient à ce groupe des jeunes de l'Alouette et que c'est dans ce cadre qu'ils ont été entraînés au maniement des armes. Ce qui est confirmé par des recherches faites par les parents de Michel Picon, qui, à la Libération, ont voulu connaître ses activités dans la Résistance, avant son départ au maquis. Ils ont appris que « Michel et plusieurs camarades faisaient partie d'un groupe instruit par d'anciens officiers. Ce groupe constituait petit à petit un dépôt d'armes et contribuait au service d'espionnage contre les Allemands. L'un d'eux fut pris et par la suite, tous les membres du groupe furent arrêtés ou recherchés, sauf Michel et un autre pensionnaire[2]. »

Le réseau Alouette est détruit, ses membres arrêtés sont sauvagement interrogés par la SAP de Poinsot ou les autorités allemandes, avant d'être déportés. « S'ils [les résistants] savaient risquer la mort, la torture ou l'internement, ils n'imaginaient pas les atroces réalités de l'enfer concentrationnaire dans lequel furent plongés la grande majorité des résistants capturés » constate Olivier Wieviorka[3].

Michel Lejoly et Guy Loustaunnau, tous deux amis, sont déportés par le convoi parti de Compiègne le 27 janvier 1944 à destination de Buchenwald[4]. Sont-ils ensemble ? Peuvent-ils se soutenir mutuellement ? Aucune information ne nous est parvenue. Aucun des deux ne revint de l'enfer des camps[5].

1. SHD GR 16 P 457378. Après les arrestations de l'été 1943, Élie Parant se cache en Dordogne, il revient à Bordeaux et participe au réseau Navarre issu de CND Castille pour lequel il est homologué à la Libération. On remarque dans ce témoignage quelques confusions sur les appartenances et les dates.
2. Archives privées.
3. WIEVIORKA Olivier, déjà cité, p. 441.
4. Trois convois quittent Compiègne pour Buchenwald en janvier 1944, les 17, 22 et 27, soit un total de 5 534 déportés. À peine 50 % d'entre eux en reviendront.
5. Michel Lejoly est décédé dans des conditions particulièrement cruelles à Gardelegen, dans une grange dans laquelle les SS avaient enfermé plus de 1 600 prisonniers et à laquelle ils ont mis le feu. https://asso-buchenwald-dora.com/temoignage-de-lucien-colonel-2/

Sur le convoi de 1 584 déportés figurent d'autres membres du groupe : Étienne Grandier-Vazeille, Daniel Vinsonneau, Édouard Bréhinier, Lucien Ducros... Ils arrivent à Buchenwald le 29 janvier et sont affectés à Dora dans les usines d'assemblages aéronautiques où ils sont exploités dans des conditions inhumaines.

Pour les survivants, c'est cette horreur des camps qui recouvre tout, comme le prouvent les récits de Jean Gavard et Jean Gény, allant jusqu'à leur faire minimiser, sinon oblitérer leur action dans la Résistance.

Leurs camarades n'ont plus qu'à se replier, se faire les plus discrets possible avant de pouvoir, s'ils en ont le courage, s'engager à nouveau auprès d'une autre structure.

Preuve de la volonté d'éradiquer toute résistance, la pression du KDS ne se relâche pas. En septembre 1943, c'est l'antenne bordelaise de Jade-Amicol qui est démantelée. Dès 1942, le père Dieuzayde, étroitement surveillé, était parti pour le couvent de Sainte-Agonie à Paris (rue de la Santé dans le 13e arrondissement), où la centrale s'était installée, le réseau se développant dans de nombreuses autres régions. Son relais est un père jésuite du collège Tivoli de Bordeaux, l'abbé Jean Begot[1]. Quant à Pierre Moniot, l'ingénieur en chef des tramways de Bordeaux qui rassemblait les renseignements récoltés, il doit quitter Bordeaux avec sa famille et entrer dans la clandestinité. Deux de ses principaux collaborateurs sont arrêtés et déportés[2]. Pendant les derniers mois de l'année 1943, l'activité de Jade-Amicol à Bordeaux est en sommeil.

Une résistance décapitée... et dispersée

Ni le KDS, ni la SAP n'ont eu besoin de Grandclément pour procéder au démantèlement de la Résistance mais, l'ayant complètement retourné, ils obtiennent de lui, au nom de la lutte antibolchevique, les caches d'armes parachutées et stockées pour l'Armée secrète, l'emplacement des maquis. Mais, plus grave encore, il

1. SHD GR 16 P 43267.
2. Il s'agit de Marc Favrichon et Louis Sieffert, tous deux déportés à Buchenwald le 14 décembre 1944 et libérés en avril 1945.

réussit à entraîner dans son sillage un certain nombre de cadres de l'OCM. Situé très à droite politiquement, plutôt giraudiste, s'est-il convaincu que le communisme international représentait le principal danger, « que les intérêts de la France se situaient en réalité aux côtés de l'Allemagne[1] » ? Pour l'historien Olivier Wieviorka, il agit « par passion anticommuniste[2] ».

Certes, ce n'est pas lui qui a donné le groupe Alouette dont les membres ont été arrêtés deux mois avant lui, mais il ne semble pas non plus avoir tenté de les sauver des griffes de la police allemande. En réussissant à détourner certains résistants de leur objectif de la lutte contre le nazisme, il met en danger la Résistance de toute la région B[3].

La France libre comme la Résistance intérieure essaient de reprendre la situation en main mais la défiance, les malentendus et les rivalités sur place continuent d'aggraver la situation. Le propre successeur de Grandclément à la tête de l'OCM Aquitaine, Eugène Camplan, continue à lui manifester sa solidarité alors que les arrestations de résistants, le désarmement des maquis et l'entreprise de démolition des réseaux et des mouvements continuent. Pour le BCRA, la compromission de Grandclément est telle qu'il « ordonne le 31 [octobre] à son chef des opérations aériennes, Guy Chaumet-*Mariotte*, de l'abattre[4]. »

Pour la plupart des résistants, la situation n'est plus tenable et trop dangereuse, certains se replient en petits groupes autonomes à la périphérie de la région ; les agents du réseau *Scientist* repartent pour l'Angleterre. L'Armée secrète est défaite, le colonel Rollot de l'AS rejoint l'Angleterre par l'Espagne.

---

1. FOOT Michael R. D., déjà cité, p. 396.
2. WIEVIORKA Olivier, déjà cité, p. 460.
3. Concernant l'ensemble des évènements entourant le retournement de Grandclément, voir CHAUMET Michel et OLIVIER Cyril, « Le démembrement de la résistance aquitaine », déjà cité, pp. 72-79.
4. ANDRÉ Philippe, *La Résistance confisquée, les délégués militaires du Général de Gaulle, de Londres à la Libération*, Éditions Perrin, Paris, 2013, p. 81.

L'arrivée du délégué militaire régional

C'est dans ce contexte, dont il est informé, qu'est parachuté en région B, à la mi-novembre 1943, un délégué militaire régional, Claude Bonnier-*Hypothénuse*.

Institués en août 1943 par la France combattante avec le soutien des Alliés, les délégués militaires régionaux, DMR, avaient pour mission de coordonner la résistance paramilitaire des mouvements et de mettre en place des plans de sabotage dans la perspective du Débarquement.

Claude Bonnier est très mal reçu à Bordeaux. Son arrivée bouscule la stratégie attentiste de certains quand elle ne suscite pas la suspicion, principalement celle d'Eugène Camplan, le successeur de Grandclément à la tête de l'OCM, qui voit en lui un rival, voire un ennemi, et va jusqu'à mettre en doute sa légitimité.

Bonnier décide de passer outre l'état-major aquitain de l'OCM et de prendre contact directement avec les départementaux afin de reconstituer les équipes et de regrouper les maquis isolés de l'ensemble de la région. Cependant, il dispose de peu de moyens ; en décembre il n'a toujours pas d'opérateur radio propre et doit passer par celui de Camplan, un certain Durand-*Kyrie*. Le drame se noue, Eugène Camplan, se rendant à Paris en train, descend mystérieusement en gare d'Angoulême et disparaît, le 18 janvier 1944[1]. Le 9 février, son radio Durand est arrêté par les Allemands et, persuadé de la responsabilité de Bonnier dans la disparition de son chef, le trahit. Un guet-apens est tendu au DMR, le 10 février, alors qu'il se rend au domicile du radio pour lui transmettre des messages. « Arrêté, menotté, le délégué militaire réussit après beaucoup de difficultés à ingérer la pilule de cyanure et meurt après une longue agonie[2]. »

Là encore, les déclarations de Friedrich Dohse après-guerre brouillent les pistes : il a affirmé que Claude Bonnier avait avec lui, lors de cette arrestation, une valise contenant de nombreux documents confidentiels et dont le système d'autodestruction

1. Le cadavre d'Eugène Camplan est retrouvé après la fin de la guerre mais le mystère de son assassinat n'est pas élucidé.
2. ANDRÉ Philippe, déjà cité, p. 107.

n'aurait pas fonctionné : « Nous avons pu récupérer la valise de *Bordin* (autre pseudonyme de Bonnier) contenant de nombreux documents adressés à Colonel Passy[1] à Londres. Il y avait en particulier dans ces documents un rapport de sept pages comportant tous les effectifs, avec noms des responsables, dans la région du Sud-Ouest, comportant neuf départements[2]. » Le problème est que ce contenu n'a jamais pu être vérifié, Dohse affirmant qu'il l'a gardé par-devers lui et détruit avant de quitter Bordeaux en août 1944. Philippe André a relevé suffisamment d'incohérences dans les différents récits de Dohse à propos de cette valise pour mettre en doute son existence[3].

Après la disparition d'Eugène Camplan et la mort de Claude Bonnier, une vague de nouvelles arrestations s'ensuit. La situation est préoccupante compte tenu de l'importance de la région et de sa position stratégique. On ne peut que constater « l'anéantissement presque complet de la résistance girondine au moment de la Libération », concluent Michel Chaumet et Cyril Olivier[4].

1. André Dewavrin (1911-1998). De Gaulle lui confie la responsabilité du Bureau central de renseignement et d'action (BCRA) dès le 1er juillet 1940 et durant toute la durée de la guerre.
2. AN 2000 0356/1, Dossier 1261 270 Dohse Friedrich.
3. ANDRÉ Philippe, *Les Ambassadeurs de l'ombre. Les délégués militaires régionaux (DMR) du général de Gaulle. Septembre 1943-septembre 1944*, mémoire de M2 dirigé par O. Wieviorka, Paris-I, 2011, pp. 565-568.
4. CHAUMET Michel et OLIVIER Cyril, déjà cité, p. 213.

1944, l'année de tous les dangers

> *« La lutte contre la Résistance est devenue incontestablement l'affaire des Allemands : ils arrêtent et déportent des milliers de Français pendant l'été 1944. Mais le régime de Vichy leur a emboîté le pas en maintenant la fiction d'une police indépendante ; il trouvera au bout de la route, non plus seulement la collaboration entre policiers de métier, mais les pires excès d'un fanatisme qu'il a encouragé officiellement. [...] En 1944 un "fossé de sang" sépare les deux France et c'est Vichy qui l'a voulu en identifiant la Résistance au désordre*[1]. »

« Après le suicide du DMR Claude Bonnier en février 1944 et la vague d'arrestations qui s'ensuit, la Résistance bordelaise apparaît une nouvelle fois anéantie par les nombreuses rivalités et suspicions qui minent son organisation[2]. » Cela ne laisse pas indifférentes les instances dirigeantes de la Résistance intérieure comme extérieure qui, en raison de l'importance stratégique de la région, tentent une reprise en main. Mal coordonnées, leurs initiatives tournent court, conduisant à de nouvelles arrestations et de nouveaux drames.

La situation est d'autant plus difficile pour ceux qui veulent résister que l'année 1944 est la plus meurtrière pour la Résistance. Elle se caractérise par une radicalisation de la répression par la SS comme par la *Wehrmacht*, auxquelles le régime de Vichy vient apporter un soutien encore plus actif par la création, le 20 janvier 1944, des cours martiales qui n'appliquaient qu'une seule peine : la condamnation à mort. Un tiers des déportations de résistants

1. PAXTON Robert O., *La France de Vichy, 1940-1944*, p. 337.
2. CHAUMET Michel et OLIVIER Cyril, déjà cité, p. 107.

ont lieu entre le 6 juin et la fin du mois de novembre 1944, les fusillades d'otages se multiplient, 42 % d'entre elles se déroulent cette seule année; enfin les résistants tombés au combat meurent surtout en 1944[1].

Pour les jeunes qui ont vu leurs chefs et une partie de leurs camarades être arrêtés et disparaître vers une destination inconnue, vers qui se tourner pour continuer à résister? D'autant plus qu'une nouvelle menace se met en place à Bordeaux et dans le Sud-Ouest.

La Milice à Bordeaux

À Bordeaux, à l'appareil répressif allemand, redoutablement efficace on l'a vu, vient, à partir de février 1944, s'ajouter la Milice. Créée à Vichy par Laval le 30 janvier 1943, elle est mise en place un an plus tard dans l'ensemble de la zone nord. Approuvée par le maréchal Pétain, elle a pour but de suppléer à l'armée disparue à la suite de l'occupation de l'ensemble du territoire le 11 novembre 1942. Sous l'autorité de Joseph Darnand[2], elle a deux objectifs: le maintien de l'ordre et « l'instauration d'un régime autoritaire national et socialiste permettant à la France de s'intégrer dans l'Europe de demain[3] ». Si le Maréchal ne semble que peu s'impliquer à l'égard de la Milice, « un officier de carrière tel que lui ne peut s'enthousiasmer devant un organisme paramilitaire qui se revendique comme politique et qui n'est qu'un substitut minuscule de l'armée française dispersée et disparue[4] », il soutient l'institution

---

1. WIEVIORKA Olivier, déjà cité, p. 455. Voir aussi PECHANSKI Denis, « Systèmes d'occupation et pouvoirs » dans *Dictionnaire historique de la Résistance*, déjà cité, pp. 21-29.
2. Joseph Darnand (1897-1945). Ancien combattant décoré de la Première Guerre mondiale, il s'engage aux côtés de l'extrême droite pendant l'entre-deux guerres, faisant des coups de mains avec la Cagoule. Secrétaire général de la Milice en janvier 1943, il s'engage dans la *Waffen SS* en octobre 1943. Il est nommé secrétaire général au Maintien de l'ordre en décembre de cette même année puis secrétaire d'État à l'Intérieur en février 1944. Ayant trouvé refuge en Allemagne puis en Italie, il est arrêté par les Alliés, remis à la France et condamné à mort par la Haute Cour de Justice le 3 octobre 1945.
3. FONTAINE Thomas, PECHANSKI Denis, *La Collaboration, Vichy, Paris, Berlin 1940-1945*, p. 214.
4. VERGEZ-CHAIGNON Bénédicte, *Pétain*, Éditions Perrin, collection « Tempus », 2020, p. 858.

et son chef sans réserve, pour le maintien de l'ordre, la garde de points sensibles du territoire et la lutte contre les communistes et les « terroristes », ainsi que sont qualifiés les résistants.

Pour adhérer à la Milice, il faut être français de naissance, non juif et n'avoir jamais fait partie d'une quelconque société secrète. La Franc-Garde, fer de lance de l'institution, chargée du maintien de l'ordre, est composée d'hommes de 18 à 45 ans, rémunérés, en uniformes, fortement encadrés, encasernés et toujours disponibles. Les bénévoles sont des miliciens sédentaires qui peuvent être mobilisés si le chef le juge nécessaire. La hiérarchie de la Franc-Garde se compose de la main, la dizaine, la trentaine et la centaine. Trois centaines forment une cohorte. Une école des cadres de la Milice est créée à Uriage en Isère afin de former les futurs chefs. Au niveau national, ce n'est pas un grand succès : « Si la Milice visa les 30 000 adhérents, elle n'en compta sans doute pas plus de la moitié, dont 4 000 francs-garde » écrivent Thomas Fontaine et Denis Pechanski[1]. Elle attire surtout des hommes de main motivés par l'appât du gain : un franc-garde, logé, habillé, nourri est payé 2 500 francs par mois, un chef régional entre 6 000 et 9 000 francs par mois. La Milice, en butte à l'hostilité populaire, ne fut jamais estimée « et même le plus souvent profondément haïe » comme le souligne Jean-Pierre Azéma[2] ; si elle ne disposa jamais des moyens nécessaires pour maintenir l'ordre voulu par l'État Français, elle fut, en tant qu'auxiliaire actif de la répression nazie, redoutablement efficace et cruelle dans l'arrestation de juifs et la lutte contre la Résistance.

En ce qui concerne l'instauration de la Milice en Aquitaine, deux personnages se détachent particulièrement. Ils personnifient chacun un aspect de la collaboration : le colonel Robert Franc, chef régional, petit notable provincial d'extrême droite, pétainiste et soutien inconditionnel de la Révolution nationale, en incarne la fiction de la respectabilité. Le second, Lucien Dehan, officiellement chef du renseignement de la Milice, en réalité du service

1. FONTAINE Thomas, PECHANSKI Denis, déjà cité, p. 217.
2. AZÉMA Jean-Pierre, « La Milice » dans *Vingtième Siècle. Revue d'histoire*, Année 1990, 28, pp. 83-106. Disponible en ligne https://www.cairn.info/revue--1990-4-page-83.htm.

répressif, est prêt à tout pour profiter des opportunités et de l'impunité qu'elle autorise ; un voyou auquel les autorités de Vichy laissent toute liberté dans l'exécution des basses œuvres. Jacques Delperrié de Bayac le qualifie de « dénonciateur, voleur, tortionnaire, assassin[1]… »

Robert Franc est né en 1891 à Bergerac en Dordogne. Père de quatre enfants, deux garçons et deux filles, il dirige à Bordeaux l'entreprise familiale d'apéritif Jifran et habite dans le quartier de Caudéran, en bordure du Parc bordelais. Ancien combattant de la Première Guerre mondiale qu'il a terminée avec le grade de capitaine d'aviation, décoré de la Légion d'honneur, de la Croix de guerre et de la *Military cross*, il est resté officier de réserve et, effectuant régulièrement ses entraînements, il a obtenu le grade de commandant pendant l'entre-deux-guerres. Engagé à l'extrême droite, il a adhéré aux Croix de Feu et revendique son amitié avec Darnand, qu'il a sans doute connu à la Cagoule[2]. Après la dissolution de cette dernière, il a adhéré à l'Union républicaine et populaire de la Gironde, parti de Philippe Henriot[3], député depuis 1932. Mobilisé en 1939 en qualité de chef de bataillon, Robert Franc est affecté à l'instruction à l'École de l'air d'Étampes. À la suite de l'armistice, il se rend à Vichy se mettre au service du Maréchal qui ne le reçoit pas, mais se montre favorable à une implantation de la Légion française des combattants en Gironde. Devant le refus des Allemands de l'installation de cette Légion en zone nord et avec le soutien du préfet de la Gironde, François Pierre-Alype, Robert Franc participe, au début de l'année 1941, à la création, avec un certain nombre de notables bordelais, de l'Association des amis du maréchal Pétain. Leur but est de soutenir par de la propagande

1. DELPERRIÉ DE BAYAC Jacques, déjà cité, p. 272.
2. L'appellation la Cagoule regroupe des groupes clandestins d'extrême droite mobilisés pour renverser le gouvernement au nom de l'antibolchevisme. Joseph Darnand en est un des hommes de main.
3. Philippe Henriot (1899-1944). Élu député de la Gironde en 1932, il vote les pleins pouvoirs au maréchal Pétain en 1940 et rallie le régime de Vichy en devenant son principal propagandiste deux fois par jour sur les ondes de Radio-Paris. Il entre dans la Milice dès sa formation en 1943. En janvier 1944, il est nommé secrétaire d'État à l'Information et à la Propagande. Il est abattu par la Résistance le 28 juin 1944.

la Révolution nationale et son chef. Lors d'une réunion de ces amis du maréchal le 8 juin 1943, Robert Franc présente la Milice française, encourageant l'association à soutenir cette organisation à la tête de laquelle, selon lui, « se trouvent des hommes de haute valeur morale[1]. »

Son fils aîné, Roger, est un cadre de la Milice. Le 21 novembre 1943, il accompagne son chef départemental de Haute-Savoie, le capitaine Gaston Jacquemin, en tournée de propagande. Alors qu'ils déjeunent dans un restaurant de Thônes, ils sont assassinés par un commando de résistants. Un troisième milicien également présent est blessé. Leurs obsèques sont célébrées le 24 novembre, en l'église Saint-Maurice d'Annecy en présence de Joseph Darnand et du préfet régional. La veille, la Milice, avec l'accord de Darnand, avait procédé à des représailles et abattu six personnes, ciblant trois juifs, un franc-maçon et deux résistants. Six pour les six miliciens tués en Savoie, Haute-Savoie et à Lyon[2].

En février 1944 Robert Franc est proposé comme chef régional de la Milice. Il prend officiellement ses fonctions le 16 mars. Le siège régional se trouve 11 cours de Tournon à Bordeaux, tandis que celui de la Milice départementale de la Gironde occupe des bureaux 18 place des Quinconces. Franc est assisté d'un adjoint, Jean Desaigues, et a sous ses ordres trois chefs départementaux pour la Gironde, les Landes et les Basses-Pyrénées. Cinq services sont mis en place : effectif, renseignements, services techniques, propagande, administration générale. Lorsqu'elle est enfin constituée à partir de la mi-juin, la Franc-Garde permanente est cantonnée dans l'école Grand-Lebrun. D'après le livre que René Terrisse a consacré à la Milice bordelaise, ainsi que dans ses archives, il n'apparaît pas qu'à Bordeaux, comme ailleurs en France, elle ait attiré beaucoup d'adhérents, bien qu'il ne propose aucun chiffre[3].

1. TERRISSE René, déjà cité, pp. 49-51, ADG 59J 259 et 17W 14.
2. DELPERRIÉ DE BAYAC Jacques, déjà cité, p. 215-216 et GIOLITTO Pierre, déjà cité, p. 267-268.
3. TERRISSE René, *La Milice à Bordeaux, la collaboration en uniforme*, p. 71. André Terrisse a remis aux ADG ses archives rassemblées sous la côte 59J 259.

Le second personnage, Lucien Dehan, est né en 1907 à Louviers dans l'Eure. Sans diplôme, vendeur aux Dames de France, le grand magasin de Bordeaux, cet employé médiocre va s'appuyer sur l'extrême droite pour réaliser son ascension sociale. En septembre 1941, il adhère au Rassemblement national populaire de Marcel Déat, puis, lors de la scission du mouvement, il suit Eugène Deloncle, ancien chef national de la Cagoule, au MSR (Mouvement social révolutionnaire) où il devient agent de renseignement pour Bordeaux. Il est chargé de remplir des fiches de renseignements destinées à la direction du mouvement à Paris, sur les personnalités locales, les fonctionnaires, les juifs, les communistes et les gaullistes. Il intègre ensuite le commissariat aux questions juives de Bordeaux. Il y déploie toutes ses compétences pour dénoncer, traquer et faire arrêter les juifs bordelais. Au passage il ne se prive pas de piller, voler, trafiquer, pour son enrichissement personnel. Titularisé en novembre 1942, il s'estime au-dessus des lois, au point d'être rappelé à l'ordre par le préfet Maurice Sabatier. Dehan démissionne et rallie la Milice dès la formation de celle-ci à Bordeaux, prenant la tête du service renseignement. Il rejoint également l'*Abwehr* et, avec son équipe, semant la peur, n'hésite pas à procéder à des arrestations et des tortures, avec la complicité de la SAP de Poinsot jusqu'en mai 1944[1]. Lorsque ce dernier est nommé sous-directeur des renseignements généraux à Vichy, son successeur, René Penot, s'inscrit dans la même continuité répressive.

Jade-Amicol

En ce début d'année 1944, les réseaux de renseignement essaient de se réorganiser. Si Pierre Moniot a rédigé à la Libération un mémoire concernant les membres du réseau et leurs activités, il n'existe pas d'informations précises concernant l'année 1944[2]. Un

1. SOULEAU Philippe, « De l'exclusion à la déportation : les politiques répressives et ses acteurs en Gironde occupée » dans KOSCIELNIAK Jean-Pierre et SOULEAU Philippe, sous la direction de, *Vichy en Aquitaine*, Éditions de l'Atelier, Paris, 2011, p. 233.
2. SHD GR 17 P 150, dossier d'homologation du réseau Jade-Amicol.

nouveau chef vient localement prendre le relais. Georges Wattel, administrateur des colonies, aurait quitté Paris pour Bordeaux afin que « le poste continue de travailler sans aucun ralentissement[1]. » Mais avec qui travaille-t-il ? Qui fournit les renseignements militaires ? Comment sont-ils communiqués à Londres ? Il n'a laissé aucun compte rendu.

Quelques éléments permettent de penser que Jean Dietlin, présent au maquis de Saucats et dont le jeune frère Daniel est mort durant le combat, appartenait à ce réseau, même s'il ne l'a jamais nommé. Peut-être, comme Jean Gavard ou Jean Gény, ne savait-il pas pour qui il travaillait. Dans son dossier d'homologation, se trouve un document attestant de sa participation à un service de renseignement interallié, à compter du mois de décembre 1943, sous le pseudonyme d'*Éric* et le matricule HC 492, comme chef de groupe[2]. Or il n'existe dans les archives aucun « réseau de renseignement interallié » sous cette appellation propre. Cependant les résistants emploient ces termes lorsqu'ils transfèrent des informations à *l'Intelligence Service* à Londres. Considèrent-ils qu'ils ne renseignent pas uniquement les Britanniques mais les Alliés ? Dans le dossier d'homologation du réseau Mithridate, Pierre-Jean Herbinger-*Bressac* explique avoir travaillé avec l'*IS*, de 1940 à la fin de 1941, « en liaison avec l'état-major interallié[3] » puis avec le BCRA jusqu'à la fin de la guerre. Dans le cas du réseau Jade-Amicol, les renseignements sont livrés à l'*IS* par l'intermédiaire de Philippe Keun-*Amiral*[4]. À la question de la Commission nationale d'homologation des FFC : « Travailliez-vous pour le compte de la France libre ou un état-major allié, précisez lequel ? » Claude Arnould-*Colonel Ollivier*, qui est à l'initiative du réseau, répond : « État-major allié, Général Menzies[5]. » Ce dernier est le chef du

1. SHD GR 16 P 601355.
2. SHD GR 16 P 185153, l'attestation de Jean Dietlin est soussignée d'un capitaine Aumale II du SR de l'état-major interallié, signée par le capitaine Bernardi. Je n'ai pas réussi à identifier ces deux noms.
3. SHD 17 P 170. Dossier d'homologation du réseau Mithridate.
4. Philippe Keun (1911-1944). Trahi par un agent double, il est arrêté et déporté à Buchenwald où il est exécuté le 9 septembre 1944.
5. Sir Stewart Graham Menzies (1890-1968).

MI6 depuis 1939 et c'est son service qui aurait financé le réseau. Dans le dossier d'homologation du réseau figurent également des attestations d'agents qui confirment leur participation au réseau « Jade-Amicol de l'état-major interallié » sous le matricule HC suivi de trois chiffres. En 1944, le réseau dispose de nombreuses antennes dans toutes les grandes villes de France, par exemple à Lyon où le jeune Guy Dufeu le rejoint également sous le matricule HC 361. Dufeu affirme par ailleurs que Philippe Keun avait été parachuté en France sous le matricule HC 1[1]...

Jean Dietlin qui, à la rentrée d'octobre 1943, a intégré la corniche d'Amade du lycée Michel-de-Montaigne, la classe préparatoire à Saint-Cyr dissimulée en classe préparatoire HEC, a pour condisciples Jean-Pierre Bouron, Michel Picon, Roger Sabaté, tandis que son frère Daniel est en classe préparatoire à l'École nationale de la France d'outre-mer avec Lucien Anère. Il a déclaré après-guerre avoir transmis des renseignements que lui fournissaient Michel Picon et Roger Sabaté. « Les missions de Michel Picon ont surtout consisté à la mise au point des emplacements de DCA dans la région de Bordeaux. Il s'est particulièrement occupé des batteries de Bassens et des objectifs huileries et essences de la batterie As de Carreau vert de Carbon-Blanc. Toutes les installations du coteau de Cenon qui servaient à la défense de la base sous-marine. La défense anti-aérienne de la base sous-marine; il a même essayé d'avoir un laissez-passer pour pénétrer à l'intérieur de cette zone. Toute la défense ouest et sud de l'aérodrome de Mérignac. Les missions à Mérignac comportaient en plus la situation exacte des pistes d'envol de ciment pour les bombardiers lourds, les dépôts de bombes et d'essences, les postes radiogoniométriques, les installations défensives contre les attaques terrestres, repérages des blockhaus et des armes automatiques et antichars. Il reportait sur une carte au 1/40 000 les objectifs repérés[2]. » Mais à qui et par qui ces informations étaient transmises sont des questions qui restent posées. À la suite de la disparition de l'Alouette,

1. http://smlh-rhone.com/section_keun.html
2. Archives privées.

ceux qui avaient échappé aux arrestations n'entendaient pas rester inactifs. Ils espéraient et attendaient impatiemment le débarquement. Renseigner sur les sites militaires allemands permettrait aux Alliés de cibler les bombardements.

Le groupe Marc

Sur le plan de l'action, un nouveau groupe, très audacieux, fait son apparition durant l'hiver 1944 à Bordeaux. Portant le nom de son chef, *Marc*, sous sa véritable identité Lucien Nouaux[1], il se spécialise dans les sabotages : l'usine électrique de Cenon, l'usine de cellulose de Facture, le poste de la milice de Bordeaux, poses de bombes à la Bourse du travail et à la gare Saint-Jean, destructions de pylônes, de câbles souterrains, sabotages de voies ferrées... Ce harcèlement n'est pas sans danger, le groupe subit de nombreuses arrestations suivies de déportations ou de condamnations à mort.

Selon l'historique du groupe conservé au SHD, il aurait été créé par Lucien Nouaux et rattaché au groupe Libération-Nord animé par Georges Bonnac dans le Sud-Ouest[2].

François Mossé a déjà participé au groupe franc de ses amis Jean-Claude et Jean-François Rozan lorsqu'il était à Grenoble. Il aurait rencontré Lucien Nouaux-*Marc* et participé au sabotage de la centrale électrique de Cenon. Selon le récit fait dans *Le combat de Saucats* : « C'est dans le courant du même mois [mai 1944] qu'il accomplit, dans la région, son premier exploit, le sabotage de la centrale électrique de Cenon – opération qu'il avait préparée en

1. SHD GR 16 P 447432. Né à Bayonne le 14 novembre 1921, Lucien Nouaux est contrôleur des contributions indirectes. Réfractaire au STO, il rejoint la Résistance à Toulouse en mars 1943, avant d'implanter un groupe franc à Bordeaux et en Gironde dans le but de harceler l'occupant. Arrêté le 25 juillet 1944, ayant dissimulé une arme sur lui, il tire sur les agents du KDS dans les locaux du Bouscat, il est abattu. Il est fait compagnon de la Libération.

2. Libération-Nord est un mouvement d'inspiration syndicaliste et socialiste créé à Paris à l'initiative de Christian Pineau en décembre 1940 avec pour support un hebdomadaire du même nom qui est diffusé durant toute la guerre. Pour la Gironde les animateurs en sont avec Georges Bonnac, Fernand Audeguil, Jean Costedoat, Gabriel Delaunay. Georges Bonnac né en 1903, fonctionnaire de la ville de Bordeaux, est arrêté le 30 mai 1944, déporté le 9 août, il meurt le 30 janvier 1945 au camp de Melk en Autriche.

liaison avec Coudin (alias *Renaud*) et qui réussit parfaitement[1]. » Action qui n'est cependant pas référencée dans son dossier d'homologation et aucun Coudin-*Renaud* n'apparaît dans la liste des membres du groupe Marc[2]... La suite du récit ne semble pas très vraisemblable: « Après l'explosion, faisant preuve d'un sang-froid admirable, *Noël* [c'est alors le pseudonyme de François Mossé] établit avec ses camarades un barrage de police, à la barbe même du terrible et sinistre Poinsot. » Au mois de mai 1944, Pierre Poinsot a quitté Bordeaux pour Vichy, la probabilité qu'il ait croisé François Mossé, qui plus est dans ce contexte, reste à prouver. Selon l'enquête de police, le 24 mai vers 22 heures, les deux gardiens de la paix qui surveillent la station électrique quittent leurs postes pour être relevés. Trois personnes se faisant passer pour des commissaires de police procèdent au contrôle des gardiens de la paix sortants, de la garde montante, de plusieurs cyclistes. Pendant ce temps, les saboteurs mettent en place les charges explosives et alors que la garde a repris vers 22h45, l'explosion se produit, interrompant le courant. Le signalement des trois faux policiers est le suivant:

« 1. taille 1m75, cheveux blonds très clairs, en brosse, forte corpulence, 25 ans environ, vêtu complet sport gris vert, pantalons longs;

2. taille 1m65, brun, lunettes modernes, corpulence moyenne, coiffé d'un chapeau mou noir à larges bords, costume foncé, portant une canadienne sur le bras, de couleur foncée;

3. taille 1m60, trapu, châtain clair, vêtu d'un veston clair et pantalons de golf foncés, chaussettes blanches[3]. »

On peut penser que les descriptions des deux derniers faux policiers correspondent à François Mossé et Jacques Glotz... Faute de retrouver les coupables, les gardiens de la paix sont sanctionnés.

Dans le groupe Marc, la suspicion l'emporte également. En mai 1944 est arrivé à Bordeaux Georges Julien-*Renaudin*, mandaté

1. *Le combat de Saucats*, p. 27.
2. SHD GR 16 P 145712. Le dossier d'homologation de Léo Coudin a été rejeté par la commission malgré une citation à l'ordre de la région B signée du général Morraglia.
3. AD Gironde, Fonds Terrisse, 59J 259.

par la Résistance intérieure pour rapprocher les différents mouvements et prendre contact avec Gaston Cusin qui vient d'être nommé commissaire de la République, chargé de prendre le relais du gouvernement de Vichy à la Libération[1]. *Renaudin* doit rencontrer le groupe Marc le 26 juin à 11 heures place de la Victoire ; il ne se présente pas au rendez-vous et, en lieu et place, *Marc* et ses camarades sont cernés par des policiers en civil. Une fusillade s'ensuit mais le groupe réussit à s'enfuir. Convaincus que c'est *Renaudin*[2] qui les a donnés, alors qu'il a été simplement retardé par une panne de tramway et que la présence des policiers est une coïncidence, les membres du groupe, sûrs de sa trahison, décident de l'abattre. Le 29 juin 1944, un véritable commando composé de trois membres du groupe Marc assassine Georges Julien en pleine rue. Dans leur fuite, ils abattent un gardien de la paix qui les poursuivait.

Le retour du SOE

Le radio de *Scientist*, Roger Landes, sous le nouveau pseudonyme d'*Aristide*, est parachuté en mars 1944, comme délégué du SOE cette fois, avec pour nom de réseau *Actor*. Efficace, prudent, il reprend contact avec ceux pour qui l'ennemi reste l'Allemagne et qui veulent préparer l'arrivée des Alliés. « Landes qui émettait lui-même et à partir de différents lieux, qui dans toute la mesure du possible n'approchait les gens que par l'intermédiaire de coupe-circuits, qui examinait chaque initiative sous toutes ses faces, et plutôt trois fois qu'une, avant de la mettre à exécution, réussit à organiser plus de deux mille hommes armés et à leur fixer des tâches pour le jour J[3]. »

Le 18 juin, Roger Landes reçoit un message de Londres l'informant que la Résistance serait incorporée dans les FFI sous le commandement du général Koenig et l'autorité supérieure du SHAEF

1. AN 72AJ/68/I/pièce 6.
2. Georges Julien-*Renaudin* (1902-1944) est entré en résistance au réseau parisien de renseignement et évasion, Turma-Vengeance. Après la Libération une enquête le réhabilite.
3. FOOT Michael R.D., déjà cité, p. 510.

(*Supreme headquarters allied expeditionnary forces*), le quartier général des forces alliées. Si Koenig n'envoyait pas de représentant à Bordeaux, *Aristide* serait donc celui qui prendrait le commandement de la région. Il devait également obéir aux ordres de Koenig mais, de son propre aveu, il n'en reçut jamais[1]. Roger Landes renoue des liens avec le groupe OCM d'Arcachon qui n'avait pas été démantelé par la trahison de Grandclément et avec des maquis des Landes éloignés de Bordeaux. Il se considère comme le responsable militaire de la région et s'oppose au colonel d'aviation Jean-Baptiste Morraglia, commandant militaire de la région B, nommé en mai 1944 par le COMAC (Comité d'action militaire du conseil national de la Résistance), compliquant encore la confusion générale. Représentant officiel du commandement FFI de la Résistance intérieure, Morraglia-*Dufour* est né en 1890. Issu d'un milieu modeste, il est entré dans l'armée en 1911. Pilote de bombardier pendant la Première Guerre mondiale, capitaine en 1918, il continue une carrière dans l'armée de l'air et reçoit le grade de colonel en 1939. Il commande un groupe de bombardement jusqu'à l'armistice puis s'engage dans la Résistance avec le réseau Alliance et le mouvement Libération Nord. Honnête, un peu raide, il souhaite avant tout agir dans un cadre légitime.

La rivalité entre cet organisme de direction et de commandement des FFI, rattaché à la Résistance intérieure et l'état-major FFI dirigé par Koenig pour la France combattante, ne simplifiait pas une situation déjà chaotique.

1. NICOLSON David D., *Aristide, warlord of the resistance*, Léo Cooper, London, 1994, p. 106.

Le double commandement des FFI

Les Forces françaises de l'intérieur (FFI) sont nées en décembre 1943 de la fusion entre l'Armée secrète (commandée, depuis l'arrestation du général Delestraint, par Pierre Dejussieu-*Pontcarral*[1]) avec les Francs-tireurs et partisans français (FTPF), communistes, et l'Organisation de résistance de l'Armée (ORA). Les unités conservent leur indépendance mais les commandements sont unifiés et fédèrent l'essentiel des formations militaires de la Résistance intérieure. Un état-major national FFI est mis en place, composé de quatre bureaux: organisation, renseignement, opérations et ravitaillement; sous le contrôle du Comité d'action militaire, COMAC, « nettement en faveur de l'action immédiate[2] ». Le général Dejussieu, arrêté le 5 mai 1944, est remplacé par le communiste Alfred Malleret-*Joinville*[3], ancien responsable régional de Libération-Sud puis des MUR pour la région de Lyon.

Du côté de la France combattante, le général de Gaulle a nommé Koenig à la tête de l'état-major FFI instauré fin avril 1944. Malgré son prestige[4], sa nomination n'a que peu d'incidence sur le commandement de la résistance militaire en France sur laquelle il n'a que peu d'emprise. « En revanche, l'existence de l'EM-FFI de Koenig permet de faire évoluer les relations avec les Alliés – d'abord américains. Ils sont satisfaits de trouver en ce général respecté un

---

1. Pierre Dejussieu-*Pontcarral* (1898-1984) est saint-cyrien et officier de carrière. Entré en résistance en 1941 aux côtés d'Henri Frenay et du mouvement Combat, il commande l'Armée secrète pour la région R6 (Auvergne). Il succède au général Delestraint à la tête de l'AS et y intègre l'ORA et les FTPF. Il est nommé chef de l'État-major national des FFI en février 1944. Arrêté par l'*Abwehr* à Paris en mai 1944 il est déporté à Buchenwald, Dora-Mittelbau puis Bergen-Belsen dont il reviendra en mai 1945.
2. MARCOT François, « Forces françaises de l'intérieur » dans *Dictionnaire historique de la Résistance*, déjà cité, p. 185.
3. Alfred Malleret-*Joinville* (1911-1960). Né à Paris, entré dans la vie active à l'âge de 15 ans, il adhère au parti communiste en 1937. Mobilisé et fait prisonnier en 1940, il s'évade de son *stalag* en 1942 et rejoint la Résistance. Il est élevé au grade de général au titre de la Résistance intérieure en juin 1946, avec Pierre de Bénouville, Jacques *Chaban*-Delmas et Maurice *Chevance*-Bertin.
4. Pierre Koenig (1898-1970) n'est que capitaine à la Légion étrangère lorsqu'il rejoint de Gaulle à Londres au printemps 1940. En raison de la rareté des officiers de carrière dans les FFL, De Gaulle le nomme général l'année suivante! Il est surtout connu pour la bataille de Bir Hakeim, premier combat défensif des FFL contre l'*Afrikacorps* de Rommel. En mars 1944, il quitte l'Afrique du Nord pour la Grande-Bretagne et le commandement FFI auprès du général Eisenhower.

interlocuteur "régulier" qu'Eisenhower reconnaît comme un commandant en chef des FFI, le 30 mai 1944. Ce faisant, il reconnaît en outre aux FFI le statut d'une "armée régulière" placée sous le contrôle direct des Français, intégrée dans le dispositif allié, et, en juillet 1944, l'autorité de l'état-major FFI de Koenig sur tous les groupes opérant en France, y compris les Anglais du *Special Operations Executive* et les Américains de *l'Office of strategic Services*[1]. »

Le colonel Morraglia-*Dufour* constate dans un rapport daté du 3 juin, à propos de la Gironde : « Ce département a besoin d'être complètement repris en main[2]. » Son action va se heurter aux mêmes difficultés que les précédents émissaires de la Résistance, qu'elle soit intérieure ou venant de Londres : la méfiance et l'hostilité. Toutes ses initiatives sont empêchées par *Aristide*, seul à disposer d'une communication radio et de parachutages d'armes qu'il n'accorde qu'aux maquis qui lui sont acquis. Roger Landes le considère comme un usurpateur et entend « régner seul sur la région, sous les ordres directs de Koenig à Londres, ignorant l'état-major FFI de Paris[3]. »

L'ORA entre en jeu

L'Organisation de résistance de l'armée est née à la suite de l'offensive anglo-américaine du 8 novembre 1942 en Afrique du Nord et de la riposte immédiate de Hitler qui envahit la zone sud. L'armée de l'armistice, jusque-là attentiste, se trouve alors dissoute et dans l'obligation de remettre les armes existantes à l'occupant. Ceux qui s'y refusent, s'estimant déliés de leur serment au maréchal Pétain – ils sont peu nombreux – constituent l'ORA, placée sous l'autorité du général Giraud qui a rejoint Alger et a le soutien des Américains. « Se voulant apolitique, dûment hiérarchisée, avec un général à sa tête et des commandements régionaux, elle est très soucieuse de conserver son autonomie et s'oppose à l'action immédiate en

---

1. MARCOT François, déjà cité, p. 185.
2. SHD 1K362/72 Dossier 12. Fonds Amicale des anciens de l'Organisation de résistance de l'armée.
3. CHAUMET Michel, OLIVIER Cyril, déjà cité, p. 108.

se préparant pour le jour J[1]. » Lorsque le général Georges Revers[2] prend le commandement de l'ORA en novembre 1943, seulement 1 500 officiers sur les 11 000 de l'armée de terre présents en métropole l'ont ralliée[3]. Elle recrute surtout parmi les démobilisés de l'armée d'armistice, les Chantiers de la jeunesse, les saint-cyriens chassés de l'école d'Aix-en Provence ou les candidats à Saint-Cyr. « Pour l'ORA, la reconstitution clandestine de l'armée française constitue en soi un acte de résistance », mais en raison de la tutelle de Giraud, favori des Américains, les mouvements de résistance y voient la continuité du régime de Vichy. Il faut attendre son éviction par de Gaulle, d'abord du CFLN en novembre 1943, puis du commandement en chef en avril 1944, pour que l'ORA ne relève plus que de l'autorité du CFLN et de De Gaulle. Le général Revers se rapproche de la Résistance intérieure et intègre le COMAC tout en restant très réservé à l'égard des modes d'action de la Résistance. Attentats, sabotages, guérilla, maquis... sont des méthodes de combat qui n'appartiennent pas à l'armée régulière. La guerre contre l'occupant doit s'inscrire dans le cadre de la libération du territoire et venir en appui des Alliés.

En Gironde, sur trente-huit formations homologuées FFI à la Libération, deux seulement relèvent de l'ORA: le groupe Hostens-Lugos qui opère dans le sud-est du département et le groupe Sabadie dans la banlieue de Bordeaux[4]. Robert Paxton le constate, les officiers de l'ORA sont pratiquement absents des mouvements de résistance du Centre-Ouest et du Sud-Ouest[5].

---

1. DELMAS Jean, « Organisation de résistance de l'Armée » dans *Dictionnaire historique de la Résistance*, déjà cité, p. 201.
2. Georges Revers (1890-1974) est le seul des trois chefs de l'ORA à avoir échappé à l'arrestation, ses deux prédécesseurs, le général Aubert Frère (1881-1944) meurt au camp du Struthof et Jean-Édouard Verneau (1890-1944) à Buchenwald.
3. WIEVIORKA Olivier, déjà cité p. 322. En tout à peu près 4000 officiers rejoignent la Résistance, ceux qui n'ont pas rejoint l'ORA ont fait le choix de réseaux ou d'autres organisations.
4. SHD GR 19 P 33. Rassemble les dossiers d'homologation qui déterminent l'appartenance de groupements militaires de la Résistance aux Forces françaises de l'intérieur pour le département de la Gironde. Ces archives sont numérisées et disponibles sur le site https:// www. memoiredeshommes. defense.gouv.fr
5. Paxton Robert O. *L'armée de Vichy, le corps des officiers français 1940-1944*, collection Points Histoire, Le Seuil, Paris 2004, p. 437.

Le maquis de la Ferme de Richemont

« Le temps déforme, et parfois transforme complètement le souvenir. Devant l'impossibilité de confronter les évènements narrés avec des indices et des preuves en nombre suffisant, réunis à partir d'autres sources, il ne faut pas prétendre établir une vérité définitive mais plutôt rassembler, comparer et ordonner les fragments d'une histoire dont la valeur exemplaire ne fait pas de doute. Apparaissent ainsi des profils, des destins individuels absolument distincts les uns des autres, et non pas la représentation paradigmatique du Résistant[1]. »

Pour la région B et plus précisément B1 (Gironde, Landes, Basses-Pyrénées), en raison des antagonismes entre les résistants, il reste très difficile de savoir qui a la responsabilité des maquis. Selon l'organigramme du Service national maquis, le chef régional en B1 s'appelle Duruy-*Pépin*, assisté d'un certain Lapeyre ou Dapeyre[2], sans plus de détails. Ils n'apparaissent pas localement. André Favereau-*Brozen*[3], responsable Service national maquis zone nord, ou son adjoint Adrien Sadoul-*Chevrier*[4] ont réparti des résistants en zone nord afin qu'ils créent des maquis, dans le cadre de mouvements qui, au cours du printemps 1944, sont peu à peu intégrés aux FFI. Dans un rapport sur la région B daté du 27 mai 1944, Favereau-*Brozen* constate qu'elle ne dispose pas de DMR (Bonnier, mort en février, n'a toujours pas été remplacé) et décrit

1. AGLAN Alya, « Un réseau français de l'Intelligence Service : Jade Fitzroy », dans *Revue d'Histoire moderne et contemporaine*, tome 40, n° 2, avril-juin 1993, pp. 289-302.
Disponible en ligne : https://www.persee.fr/doc/rhmc_0048-8003_1993_num_40_2_2490
2. AN 72 AJ 47/1.
3. SHD GR 16 P 218 632 André Favereau (1907-1989) rejoint Alger en mai 1944, il est compagnon de la Libération.
4. Adrien Sadoul (1898-1969). À l'été 1944, il est envoyé commander les maquis de l'Yonne.

ainsi la situation en B1 : « Région très éprouvée (affaire Grandclément). Pas de parachutage depuis longtemps. Il y a un chef FFI à Bordeaux [Morraglia] mais sans action réelle[1]. » Aucune archive ne mentionne que François Mossé ait été envoyé comme adjoint.

Un officier d'aviation, le commandant Edmond Jouhaud-*Perrin*[2], se voit nommé responsable ORA pour la Gironde au printemps 1944. Démobilisé en novembre 1942, il aurait souhaité rejoindre l'Afrique du Nord et reprendre le combat dans l'armée de l'air. Après six vaines tentatives[3] de quitter le territoire national, il prend contact avec l'Organisation de résistance de l'armée et le Service national maquis pour la zone nord. Dans son rapport rédigé immédiatement après la guerre, Edmond Jouhaud raconte comment il a rejoint la région B : « Je suis désigné comme chef départemental de l'ORA en Gironde ; comme délégué de l'ORA auprès du Maquis, *M. Chevrier* [Adrien Sadoul, adjoint d'André Favereau] me met à la disposition de M. Jean Dupuy alias *Troisième,* puis *Antoine*, chef régional du maquis pour la Gironde, Landes et Basses-Pyrénées (zone occupée). »

Sa mission en Gironde est de faire évader les tirailleurs nord-africains et sénégalais[4] qui se trouvent internés dans le *frontstalag* de Saint-Médard-en-Jalles[5], de les rassembler et les encadrer, afin

1. SHD 28 P 3 60.
2. Edmond Jouhaud (1905-1995). Né en 1905 à Bou Sfer près d'Oran, il est le dernier survivant du putsch du 22 avril 1961 mené avec les généraux Zeller, Challe et Salan. Arrêté en 1962, il est condamné à mort et gracié en 1967. Il est réintégré dans le cadre de réserve par le président Mitterrand en 1982, ainsi que tous les autres responsables militaires du putsch et de l'OAS.
3. Au cours de sa sixième tentative, début février 1944, Edmond Jouhaud fait partie de l'opération maritime qui devait transporter en Angleterre Émile Bollaert, successeur de Jean Moulin à la tête du CFLN, Pierre Brossolette, qui représente le BCRA en métropole, ainsi que des résistants et des aviateurs alliés. Le *Jouet-des-flots* qui les transportait subit une avarie et doit déposer ses passagers dans une crique de Plogoff (29). Alertés, les *Feldgendarmes* arrêtent Bollaert et Brossolette qui avaient pris place dans une voiture, les autres passagers s'étant dispersés pour regagner Quimper par leurs propres moyens. À la suite de ces arrestations, Bollaert est déporté au camp de Buchenwald-Dora dont il revient en 1945, Brossolette se suicide en se jetant du 5e étage au siège de la police allemande à Paris. Jouhaud rejoint la capitale où il se met à l'abri quelques semaines.
4. C'est-à-dire Africains de toutes origines.
5. Lors de la défaite les Allemands ont fait prisonniers 70 000 soldats coloniaux, ceux-ci restent sur le territoire métropolitain, répartis dans des *frontstalags*, à la différence des soldats et sous-officiers français envoyés dans les *stalags* et des officiers dans les *oflags*, en Allemagne.

de former des unités combattantes prêtes à intervenir le jour J. « Les difficultés d'armement et nourriture empêchèrent de mener à bien cette action » et Jouhaud admet que jamais il ne reçut un seul parachutage destiné à l'ORA.

Qui commande le maquis de la Ferme de Richemont ?

Dans les archives de la Résistance, le maquis de la Ferme de Richemont n'existe pas, étonnant contraste avec l'ampleur de l'hommage qui lui est rendu chaque année. Tous les combattants du 14 juillet 1944 à Saucats ont été homologués FFI, mais le maquis en lui-même n'a pas été homologué, contrairement aux autres groupements combattants de la Gironde[1].

Immédiatement après la guerre, Edmond Jouhaud revendique l'organisation d'« un maquis dans la région de Saucats, sous la direction du lieutenant *Noël* qui avait commandé un maquis dans les Alpes. Ce maquis put être armé grâce au chef de l'AS *Marc*, qui touchait de près le délégué *Aristide* du War Office[2]. » En 1945, il adresse un rapport à l'ORA afin de faire valider son action : « Je m'efforçais de grouper avec le chef du maquis *Antoine* des éléments de Résistance, peu nombreux étant donné les difficultés d'armement et de ravitaillement. Nous avons monté un maquis à Saucats, composé en majeure partie de jeunes gens préparant Saint-Cyr, Polytechnique [*sic*], Navale [*sic*] et épaulés par quelques tirailleurs évadés. [...] Ce maquis, commandé par le lieutenant Mossé, alias *Noël*, fut attaqué, à la suite d'une dénonciation, par un détachement allemand, renforcé par des miliciens, avec un soutien de deux [*sic*] pièces d'artillerie, le 14 juillet 1944. 12 hommes sont tombés au champ d'honneur. [...] Le chef du maquis avait pris des contacts qui auraient pu nous permettre de monter des actions intéressantes, si nous avions pu les armer. C'est ainsi que nous étions en relation avec : à Soustons, un maquis de quarante hommes environ, vivant plus ou moins ensemble, étant donné que la plupart d'entre eux

1. SHD GR P 19 P33.
2. SHD 40Z 39638. Fonds Jouhaud.

étaient du pays, et qui s'est livré à des sabotages de voies. [...] En Charente, des maquis importants de la région de Confolens qu'*Antoine* put ravitailler pécuniairement et qui, rattachés en juin au commandement de Charente, firent un beau travail. » La réponse de l'officier de l'Organisation, destinataire du rapport, datée du 12 février 1945, est un désaveu. Jouhaud ayant perdu le lien avec le commandement de l'ORA et s'étant rattaché de lui-même au commandement FFI local, ce maquis ne peut être reconnu par l'Organisation de résistance de l'armée[1].

Dans ses mémoires publiées en 1974, soit trente ans après les faits, Edmond Jouhaud se montre en effet plus distant à l'égard de la constitution du maquis de la Ferme de Richemont. Il a complété ses souvenirs à l'aide de la brochure éditée par le lycée Montaigne, *Le combat de Saucats*. Il s'interroge : « Quels maquis organiser dans ces étendues où n'existent que peu de refuges à l'abri des indiscrets et où la moindre étincelle propage un feu meurtrier ? Néanmoins un garçon résolu de vingt-deux ans, François Mossé, arrivant du Vercors, décide d'en mettre un sur pied. [...] Au printemps 1944 il avait rejoint Bordeaux, désigné par le chef régional, Jean Dupuy, alias *Antoine*[2]. » Dans le texte d'une conférence prononcée quarante ans après, il présente sa rencontre avec François Mossé encore un peu différemment : « En compagnie du chef du Maquis, *Antoine*, qui devient et restera mon ami, nous prenons contact avec les éléments actifs de Bordeaux. C'est d'abord un jeune garçon, Lucien Nouhaux [*sic*] dit *Marc*, avec qui je vais travailler en toute confiance. [...] Je ferai parallèlement la connaissance d'un jeune étudiant, Mossé, dit *Noël*, qui se place spontanément sous mes ordres[3]. »

Qui a mis véritablement en relation Edmond Jouhaud et François Mossé ? En principe André Favereau-*Rozen* ou son adjoint, Adrien Sadoul-*Chevrier*, ont envoyé François comme adjoint du responsable du Service maquis, qu'Edmond Jouhaud présente comme étant Jean Dupuy-*Antoine*. Or Jean Dupuy n'apparaît

1. SHD 3 P 15 ORA
2. JOUHAUD Edmond, *La vie est un combat*, p. 276.
3. SHD 40Z 39638. Ce texte se trouve dans le fonds Jouhaud mais il n'est pas précisé à qui il est destiné.

dans aucun organigramme de la Résistance et, bien qu'il ait signé les dossiers d'homologation des résistants de la Ferme de Richemont, il n'en a pas déposé pour lui-même. Il existe dans les archives du BCRA déposées au SHD un dossier très mince le concernant. Il est né en 1897 à Sore, dans les Landes, et serait forestier. Il aurait appartenu au groupe AW (Charente-Gironde-Landes) du réseau de renseignements Alibi[1]. Edmond Jouhaud évoque ainsi Jean Dupuy : « Homme courageux, très fin, subtil, il se donnera totalement à la Résistance et je m'honorerai de son affectueuse amitié[2]. » Les capitaines Douence et Salefran du groupe Hostens-Lugos mentionnent Jean Dupuy dans un mémorandum intégré dans leurs dossiers d'homologation en indiquant l'existence du maquis de la Ferme de Richemont : « Durant le mois de juin [1944], un groupe dépendant du capitaine *Antoine* vint s'installer à Douence [commune de Saint-Magne] et ensuite à Saucats[3]. »

Dans les archives du fonds Jouhaud figure une lettre de Jean Dupuy datée de 1966 qui lui apporte quelques précisions pour contribuer à la rédaction de ses mémoires : « Je n'y ai commis [dans la Résistance] aucune action d'éclat, je n'ai pas été le seul, et je puis, en tout cas, me vanter de n'en avoir par la suite, tiré aucun profit. J'étais chef des maquis de la région B – vous m'avez à ce titre remis la Croix de guerre, avec citation signée Koenig que je ne retrouve plus. Avec mon fidèle Wailliez, le transporteur, j'ai ravitaillé en armes, munitions et nourriture, le maquis de Saucats et celui de Captieux[4]. »

Dans la logique de l'organisation de la Résistance, la hiérarchie serait le commandant Jouhaud, le capitaine Dupuy et le lieutenant Mossé… Comme l'explique Fabrice Grenard, « en raison de la structure militaire des maquis et de leur insertion dans une

1. SHD GR28P 11 34. Dossiers individuels des agents du BCRA. SHD GR 28 P 3 68, dans ce dossier d'homologation du réseau Alibi et sous réseau AW ni le nom, ni le pseudonyme de Jean Dupuy ne sont présents.
2. JOUHAUD Edmond, déjà cité, p. 268.
3. SHD GR 16 P 190829 et GR 16 P 531780.
4. SHD 40Z 39638/7. SHD GR 16 P 203601. Le fils aîné de Jean Dupuy, Marc né en 1923, étudiant à l'École libre des Sciences politiques de Paris, est également entré en résistance. Arrêté en janvier 1944, il est déporté et décède au camp de Flossenburg en 1945. Il est inscrit sur le monument aux morts de la Seconde Guerre mondiale à Sore (44).

hiérarchie départementale et régionale, la désignation des chefs n'est pratiquement jamais issue d'un processus démocratique. [...] Cette désignation résulte d'une nomination par les états-majors en place[1]. » La situation en Gironde est telle qu'une organisation cohérente et hiérarchisée semble impossible : « Les groupes sont morcelés, limités au local, parfois privés de contact et de matériel et par conséquent, voués à plus ou moins court terme à une mise en sommeil » constatent Michel Chauvet et Cyril Olivier[2]. « En s'imposant sur le terrain et en ayant pris, souvent seules, l'initiative de leur création, des personnalités s'imposent néanmoins aux différents appareils qui ne peuvent que valider une situation de fait en les confirmant à la tête des maquis qu'elles ont contribué à faire naître » précise également Fabrice Grenard[3].

Alors Jouhaud se défausse-t-il sur François Mossé à la suite de l'anéantissement du maquis et du rejet de son homologation par l'ORA, ou ce dernier a-t-il mis ses supérieurs hiérarchiques devant le fait accompli de la constitution du maquis de la Ferme de Richemont ? Son parcours démontre son goût de l'action et son audace. Il aurait pris pour prétexte la crainte d'une rafle.

Au printemps 1944, la Résistance craint, en cas de débarquement allié, l'arrestation et le transfert vers l'Allemagne de tous les hommes valides de 18 à 45 ans, voire 60 ans. Un télégramme du réseau *Hunter* à destination du BCRA en témoigne : « On prépare le ramassage de tous les hommes de 15 à 60 ans en cas de débarquement. Il est même prévu leur massacre en masse[4]. » Cette appréhension, fondée sur une éventualité envisagée par l'état-major allemand, s'amplifie encore, après le débarquement allié du 6 juin ; le départ de jeunes vers les maquis apparaît donc comme une solution protectrice. Ce qui est confirmé par Edmond Jouhaud : « En effet, courant juin, le bruit se répandait de l'arrestation des hommes valides ; l'aménagement, place des Quinconces, de miradors, donnait consistance à cette éventualité. Aussi *Noël*

1. GRENARD Fabrice, déjà cité, p. 184.
2. CHAUMET Michel et OLIVIER Cyril, déjà cité, p. 108.
3. GRENARD Fabrice, déjà cité, p. 185.
4. SHD GR 28 P 2181 BCRA, section du contre-espionnage.

(François Mossé) décide de créer un embryon de maquis ; il quitte Bordeaux un beau matin, avec une vingtaine d'étudiants en droit [*sic*], en médecine, ou préparant Saint-Cyr, ainsi que l'École coloniale. Trois soldats nord-africains que l'on avait fait évader complétèrent l'effectif[1]. »

D'après Philippe Bèguerie, un des survivants du combat de la Ferme de Richemont, ce n'est qu'une fois arrivé sur les lieux de leur premier cantonnement – qui n'est pas encore la ferme abandonnée de Richemont – que François Mossé leur présente le projet de fondation d'un maquis, dont il sera le lieutenant sous le pseudonyme de *Noël* et non plus de *Denis*[2] et que son adjoint sera Jean Dietlin-*Éric.*

Edmond Jouhaud décrit son inspection du maquis en émettant une réserve dont on n'a aucune preuve qu'il l'ait exprimée : « Vers le 10 juillet je m'étais rendu au maquis avec Jean Dupuy-*Antoine*, j'avais vu des garçons magnifiques, pleins de confiance en eux. Je demandai à François Mossé-*Noël* la plus grande prudence et même d'envisager de se retirer provisoirement à Bordeaux en attendant d'avoir un armement convenable. À mon départ avant que ne tombe la nuit, les couleurs étaient amenées en notre honneur par le sergent Driss Ben Miloud commandant le dispositif[3]. »

Philippe Bèguerie confirme cette visite : « Un matin, le commandant *Perrin* [Edmond Jouhaud], chef régional de l'ORA, accompagné d'*Antoine* [Jean Dupuy], vint nous passer en revue. Il félicita le lieutenant de notre belle tenue[4]. » Il n'évoque aucune mise en garde de prudence ou de mise en retrait de la part de Jouhaud.

Il est intéressant de noter qu'Edmond Jouhaud conclut le chapitre de ses mémoires concernant son action en Gironde par un aveu d'échec : « J'aurais désiré passer sous silence mon activité dans le Sud-Ouest. Aucun fait saillant ne me paraît digne d'être signalé.

1. JOUHAUD Edmond, déjà cité, p. 277.
2. C'est afin d'éviter une confusion avec François Lespine-*Denis*, résistant retourné par le KDS, responsable par sa trahison de nombreuses arrestations.
3. SHD 13 P 15 ORA.
4. *Le combat de Saucats*, déjà cité, p. 49.

Dans la Résistance, chacun servait de son mieux et, souvent, les résultats obtenus ne correspondaient pas aux efforts déployés et aux risques encourus[1]. »

Départ pour le maquis

La seule source dont nous disposons pour la brève histoire du maquis de la Ferme de Richemont est le récit de Philippe Bèguerie. Publié dans la brochure éditée par le lycée Montaigne en 1946, il offre l'avantage d'avoir été rédigé très tôt après les évènements, avant que les souvenirs ne se modifient avec le temps. Peut-être contient-il quelques omissions dans un souci de ne pas nuire à la mémoire des membres du groupe. En 2004, pour le soixantième anniversaire du maquis et de son tragique combat, Philippe Bèguerie participe à un ouvrage édité par les Dossiers d'Aquitaine et qui a pour titre *Demain dès l'aube...* où il reprend son premier récit, qu'il ne modifie pas mais qu'il poursuit, racontant sa fuite après le combat[2].

Philippe a vécu la constitution de ce maquis comme un acte très spontané. Il avait fait part à son ami d'enfance Daniel Dietlin, dont il savait que le frère aîné Jean faisait du renseignement pour la Résistance, de son désir de s'engager. Jean Dietlin est en relation avec un « lieutenant » (François Mossé) qui selon son souvenir avait combattu aux Glières – mais ailleurs on lit dans le Vercors[3] –, que la résistance nationale avait envoyé à Bordeaux et chargé de créer un maquis de combattants. Pour lui, ce maquis est affilié à l'Organisation de résistance de l'armée, l'ORA. C'est tout ce qu'il a retenu comme information. Ce qui compte, c'est de combattre les Allemands. Philippe a confiance en ses amis Dietlin avec lesquels il a fait du scoutisme à Bordeaux avant la guerre. Il ne tient pas tellement à en savoir plus, c'est trop risqué, il ne connaît le

1. JOUHAUD Edmond, déjà cité, p. 280.
2. RIVASSEAU Vincent, *Demain dès l'aube... Témoignages historiques, Philippe Bèguerie: Saucats, Guy Rivasseau: Neuengamme*, Les Dossiers d'Aquitaine, Collection « Mémoires de France », Bordeaux, 2004.
3. *Le combat de Saucats*, p. 26 et p. 40.

lieutenant et un certain nombre des participants que sous leurs pseudonymes.

« Pour tous les maquis, le débarquement allié du 6 juin 1944 marque un tournant décisif. Dès que la bataille pour la libération de la France commence, les effectifs explosent, car de nombreux volontaires rejoignent les camps pour se battre. [...] En quelques semaines, le chiffre des maquisards désormais intégrés dans les FFI double sur l'ensemble du territoire, avec une estimation d'environ 100 000 hommes fin juin 1944 », explique Fabrice Grenard[1]. Le même élan semble animer le groupe de jeunes autour de François Mossé.

Le départ est donné le 16 juin, deux par deux, à bicyclette ou en camion, afin de passer inaperçus, pour une destination inconnue à l'avance, à 30 kilomètres au sud de Bordeaux. Pour Philippe, le mobile du départ est donc la crainte d'une rafle. Ce n'est pas le cas pour tous : Michel Picon semble avoir parfaitement su pourquoi il partait puisqu'il en a informé ses parents, sans leur donner aucun détail[2].

Comment François Mossé et Jacques Glotz ont-ils été introduits au lycée Montaigne et ont-ils approché Jean Dietlin pour créer ce maquis ? Sous quelles identités se sont-ils présentés ? Nous l'ignorons. Philippe qui ne connaît pas leurs noms ne sait pas non plus qu'ils sont juifs. François Mossé dispose peut-être de faux papiers afin de ne pas être identifié. C'est sans doute lui qui vers 15 mai 1944 loue une chambre chez Madame Madeleine Gué, 96 rue de Ségur à Bordeaux, au nom de Jean-Olivier Gillet. Un mois après son arrivée, il lui annonce qu'il part en vacances et lui demande de bien vouloir garder son courrier, qu'il passerait prendre ou ferait prendre par des amis. Madame Gué s'exécute lorsque des jeunes gens se présentent. Jusqu'à ce que des miliciens viennent l'avertir le 14 juillet qu'elle ne verrait plus son locataire, qu'il avait été tué au cours de l'action entreprise contre le maquis

1. GRENARD Fabrice, déjà cité, pp. 359-360.
2. Archives privées.

de Saucats[1]. Avec son patronyme, Jacques Glotz peut passer pour un Français d'origine alsacienne. Dans *Le combat de Saucats*, Philippe Bèguerie ne dit rien de personnel sur ses camarades de maquis et dans son second récit de 2004, il ne fait que reprendre ce que les familles avaient elles-mêmes écrit.

Au printemps 1944, Philippe Bèguerie est en classe préparatoire à Paris. Il quitte son école sur le prétexte que sa grand-mère est décédée à Bordeaux, afin d'obtenir un laissez-passer. Au lycée Michel-de-Montaigne, les congés d'été avaient commencé fin mai. Les premiers à partir au maquis le 16 juin sont en effet les élèves du lycée, tous en classe préparatoire, ainsi qu'un étudiant en médecine, Jacques Rouin-*Dunablat* ou *Toubib*[2]. Michel Picon-*Darcourt*[3] et Roger Sabaté-*Corbin* ont rendez-vous le matin à 11 h 30, 133 rue Notre-Dame chez le mécanicien-électricien Adolphe Bourdon-*Baton*[4]. Ils partent avec lui dans le camion du transporteur Wailliez[5] chargé des armes du maquis, des mitraillettes Sten et des grenades, fournies par Lucien Nouaux-*Marc* qui les aurait reçues de Roger Landes-*Aristide*, l'agent du SOE. « En chemin, deux SS leur avaient demandé de bien vouloir les porter, sans se douter du chargement sur lequel ils étaient assis », raconte Philippe Bèguerie[6].

1. ADG 17W50. Daniel Célérier, un des maquisards, utilise cette boîte aux lettres pour correspondre avec sa mère.
2. Dans *Le combat de Saucats*, déjà cité, Philippe Bèguerie ne nomme les différents protagonistes que par leurs pseudonymes de résistants, je rétablis leur identité pour une compréhension plus facile.
3. Le pseudonyme de Michel Picon n'est pas *d'Harcourt*, tel qu'orthographié dans *Le combat de Saucats*, mais *Darcourt*, archives privées.
4. SHD GR 16 P 81516 et GR 28 P 4 264134. Adolphe Bourdon, né en 1907, est homologué dans les FFC pour sa participation au maquis de Grignols (33) qu'il rejoint après le 14 juillet 1944 et pour son activité dans le réseau Kummel, chargé de l'évasion d'aviateurs alliés par l'Espagne et qui faisaient étape à Bordeaux. Il est référencé par le réseau pour héberger les aviateurs en attente du départ vers les Pyrénées. L'un d'entre eux est resté à son domicile plusieurs semaines.
5. M. Wailliez n'a jamais fait valoir ses services de transport pour la Résistance ; il est cependant évoqué dans les archives de nombreux groupes. Un transporteur discret et efficace était essentiel pour les mouvements. En cas d'arrestation, il risquait sa vie tout autant qu'un résistant actif.
6. *Le combat de Saucats*, déjà cité, p. 42.

À 14 h 30, depuis la barrière de Toulouse, sont partis à vélo, deux par deux, Jean-Pierre Bouron-*Bougie* et Viau[1], Philippe Bèguerie et Jean Dietlin-*Éric*, Pierre Ricou-*Gateux* et Daniel Dietlin-*Dany*. Leur premier cantonnement est à l'écart de la route qui conduit de Sainte-Magne à Saucats, au sud du lieu-dit Douence. Ils y retrouvent Jacques Rouin-*Dunablat* ou *Toubib*, étudiant en médecine et sans doute Lucien Anère-*Lulu*, dont Philippe Bèguerie ne dit pas comment ils sont arrivés. Ils forment un groupe de seize personnes dont trois charbonniers : un père et son fils réfractaire du STO ainsi que Chanrion-*Toto*, lui aussi réfractaire, qui s'adjoint au maquis[2].

Cette première installation est temporaire et, deux jours plus tard, une partie du groupe part en exploration à la recherche d'une clairière isolée, protégée de brandes, afin d'y construire des cabanes en partie souterraines. « Le projet en comportait cinq grandes pour y loger les sizaines au fur et à mesure de leur formation ; deux petites seraient employées comme PC du lieutenant et comme cuisine. Une sape à munitions commencée tout de suite était ajoutée. Le tout devait communiquer par des boyaux. Une ceinture de petites fortifications était prévue. » Tout en avançant dans la construction de cet ambitieux campement, le maquis s'étoffe de nouvelles recrues : deux prisonniers de guerre marocains évadés les rejoignent, Driss Ben Miloud et Abda-Allah[3], puis Roger Hurteau-*Pacha*, Marcel Hostein-*Dédé* et Christian Huault-*Christian*.

Craignant d'être repéré, le groupe abandonne la cabane des charbonniers pour s'installer dans une bergerie. Bien leur en a pris, selon le récit de Philippe Bèguerie, car un incendie accidentel embrase la zone exploitée par les charbonniers et les habitants de la région viennent depuis la cabane lutter contre le feu. Le projet de construction dans la clairière est alors délaissé et le choix est fait d'un nouveau cantonnement : la ferme abandonnée de Richemont sur la commune de Saucats, située au centre d'un triangle de

1. Non identifié, Bèguerie explique qu'il a quitté le groupe à une date indéterminée pour un maquis FTP.
2. Non identifié, absent lors du combat, il ne semble pas s'être manifesté par la suite.
3. L'orthographe des noms reste sujette à caution, ils n'ont pu être formellement identifiés.

routes et cachée au milieu d'un bois. « Le départ fut décidé pour le mercredi 26 juin. Driss invité par le lieutenant à recruter d'autres Nord-Africains amena Miliani Ben Mekki[1]. » Philippe Bèguerie décrit ainsi les lieux : « Au bord de la route de Saucats au Barp, à un endroit difficile à retrouver, débouchait un ancien sentier qui avait dû autrefois être assez large. Lorsque nous sommes arrivés, la végétation avait pris le dessus, et on ne le distinguait qu'avec assez de mal. Pour l'écoulement des eaux, un fossé était creusé de chaque côté, profond d'un mètre à peu près. Nous cheminions par celui de droite, seul endroit praticable dans cette brousse. Au bout de trente minutes de marche, on arrivait à un bouquet de pins dépassant les brandes environnantes. On quittait le fossé pour prendre un sentier qui nous amenait dans une clairière. En débouchant, on apercevait au premier plan une grange à moitié éboulée ; se trouvait ensuite la maison, pas trop mal conservée, malgré son abandon depuis de longues années. Les ronces avaient gagné du terrain et ne laissaient guère qu'un espace de trois à quatre mètres sur trois côtés. Sur la face nord, un espace assez grand, entièrement libre, faisait correspondre la maison et la grange ; un puits se trouvait là[2]. » À l'entrée du sentier ils aménagent une cache où entreposer leurs bicyclettes et la moto du lieutenant.

Des maquisards aux origines diverses

Le groupe s'installe et s'augmente encore de trois nouvelles recrues : Jean-Claude Bruneau-*Chérubin*, André Taillefer-*Rouquin*, Guy Célérier-*Guy*, le plus jeune de tous, né en 1927[3]. Début juillet, il se compose de vingt-deux personnes venues d'horizons variés. Les élèves des classes préparatoires du lycée sont au nombre de sept : Jean-Pierre Bouron, Jean Dietlin, Michel Picon et Roger Sabaté viennent de la classe HEC (qui dissimule la classe préparatoire l'École militaire de Saint-Cyr, dissoute en novembre 1942).

1. *Le combat de Saucats*, déjà cité p. 44. Il y a une erreur de calendrier : le lundi 26 ou le mercredi 28 juin 1944.
2. *Le combat de Saucats*, déjà cité p. 47.
3. SHD GR 16 P 94570, GR 16 P 560895, GR 16 P 114523.

Lucien Anère, Daniel Dietlin et Pierre Ricou préparent l'École nationale de la France d'outre-mer. Leurs familles semblent les avoir soutenus. Lucien Anère est fils d'un militaire qui a servi outre-mer, le père de Michel Picon est officier du cadre de réserve et celui de Jean-Pierre Bouron médecin militaire des troupes coloniales. Le père décédé des deux frères Dietlin était administrateur des colonies. Ce sont des fils de fonctionnaires républicains, opposés à la collaboration, sans pour autant être entrés dans la Résistance active.

Roger Sabaté, originaire du Pays basque, est issu d'un milieu plus modeste, il est boursier de l'enseignement public. Guy Célérier, qui n'a que 17 ans, avait quitté en janvier 1944 sa classe de seconde du lycée Michel-de-Montaigne. On compte deux étudiants en médecine : Jacques Rouin-*Dunablat* et Jean-Claude Bruneau-*Chérubin*, le premier ayant peut-être coopté le deuxième.

Au fur et à mesure que le maquis s'étoffe entre le 16 juin et le début juillet, les origines sociales se diversifient, chacun recrutant des amis ou camarades. Roger Hurteau-*Pacha* est menuisier et travaille dans un chantier de bateaux à Lormont. C'est un copain de Jacques Rouin-*Dunablat* et de Lucien Anère-*Lulu*, c'est ce dernier qui lui propose de rejoindre le maquis[1]. *Pacha* entraîne avec lui son copain Marcel Hostein-*Dédé*[2], un apprenti boulanger qui travaille pour un transporteur bordelais. Christian Huault-*Christian*, originaire de Touraine, s'est évadé de l'organisation Todt* dans laquelle il a sans doute été enrôlé dans le cadre du STO, et rejoint le maquis sans que l'on sache qui l'y a orienté[3]. Peut-être est-ce lui qui y fait venir André Taillefer-*Rouquin*, employé de commerce, lui aussi requis par l'organisation Todt sur un chantier[4]. Nous ne savons rien de Chanrion-*Toto*, sinon qu'il se dissimule pour échapper au STO, ni d'*Ernest* resté anonyme, ni des trois tirailleurs marocains dont l'identité n'est pas certaine. Le

1. SHD GR 16 P et *Le combat de Saucats*, déjà cité pp. 24-25. Il est né en 1923.
2. Et non Hosteins comme il est orthographié dans *Le combat de Saucats*, déjà cité p. 36. Il est né en 1926.
3. SHD GR 16 P 297434 et *Le combat de Saucats*, déjà cité pp. 22-23. Il est né en 1922.
4. SHD GR 16 P 560 895 et *Le combat de Saucats*, déjà cité, pp. 34-35. Il est né en 1923.

mécanicien-électricien Adolphe Bourdon est le plus âgé, il est né en 1907 et semble avoir eu la fonction d'intendant.

On observe la même diversité sur le plan religieux, le maquis compte deux juifs, trois musulmans, et les autres participants ne se sont pas exprimés sur leur foi. Philippe Bèguerie, devenu prêtre, a toujours dissocié sa vocation religieuse de cet épisode tragique. Plusieurs étaient scouts, certains ont assuré la distribution des *Cahiers du Témoignage chrétien* à Bordeaux, Michel Picon et Roger Sabaté sont « jécistes[1] ». Le seul que Philippe qualifie de « chrétien fervent[2] » est l'étudiant en médecine Jacques Rouin, dont le livre *Chirurgie de guerre*, retrouvé dans les décombres de la ferme, porte écrite de sa main la devise de Bournazel : « Mon âme est à Dieu, mon corps à la France, mon honneur est à moi » qu'il avait peut-être faite sienne, mais qui a été postérieurement attribuée à l'ensemble du groupe.

Leur expérience de la Résistance n'est pas identique, certains, on l'a vu, ont fait du renseignement et de la préparation militaire, d'autres sont des ralliés de l'euphorie du débarquement. Tous sont animés par le désir de participer à la libération du territoire. Ils y ont été encouragés par le discours de De Gaulle prononcé le 6 juin dans l'après-midi à la BBC : « Pour les fils de France où qu'ils soient, le devoir simple et sacré est de combattre par tous les moyens dont ils disposent. Il s'agit de détruire l'ennemi, l'ennemi qui écrase et souille la patrie, l'ennemi détesté, l'ennemi déshonoré[3]. » Le général Koenig lui-même appelle d'abord à une offensive contre les troupes allemandes, avant de demander aux maquis d'éviter les actions de guérilla et les regroupements importants et de favoriser les groupes isolés plus discrets. Des actions trop hâtives, dans des régions de forte densité de troupes d'occupation – comme c'est le cas en Gironde – exposant les résistants et les populations civiles aux dangers d'une riposte allemande[4]. Crainte

1. Adhérents de la JEC, Jeunesse étudiante chrétienne, mouvement interdit en zone occupée qui rejette le national-socialisme et la collaboration du régime de Vichy.
2. *Demain dès l'aube…*, déjà cité, p. 18
3. Discours cité par GRENARD Fabrice, déjà cité, p. 369.
4. GRENARD Fabrice, déjà cité, p. 340.

d'autant plus justifiée que l'année 1944 est marquée par une radicalisation de la répression qui concerne autant la SS que les unités de la Wehrmacht. « La Wehrmacht, en d'autres termes, suivait désormais les méthodes de la SS, en visant les civils tout autant que les FFI. [...] À l'heure où le Reich, menacé à l'est comme à l'ouest, jouait sa survie, il entendait appliquer sans états d'âme sa loi la plus barbare[1]. » Les consignes sont donc d'anéantir les forces de la Résistance et d'intimider les populations civiles qui les soutiennent. Dans ce contexte, la Milice et les forces de police de Vichy ne sont pas en reste et coopèrent avec l'occupant.

À la Ferme de Richemont

Le maquis de la Ferme de Richemont est bien un petit détachement, camouflé en maquis-ferme privilégiant l'entraînement et l'apprentissage de la vie militaire en attendant les ordres supérieurs de la hiérarchie. Ce n'est pas une « école de cadres[2] », il n'est plus temps d'envisager une telle structure après le Débarquement et les appels à la mobilisation spontanée. Ce qui est demandé aux groupes armés, en juin 1944, c'est d'appliquer les plans de sabotage établis par le BCRA afin de gêner au maximum les transports et les communications des Allemands. Plusieurs plans sont élaborés, le Vert pour le sabotage des voies ferrées, le Bleu pour les lignes électriques à haute tension et le Violet pour les lignes de télécommunications longue distance des PTT. Le plan « tortue » doit neutraliser les mouvements sur les routes[3].

C'est dans ce but que le 9 juillet, Michel Picon-*Darcourt* et Roger Sabaté-*Corbin* sont chargés par leur lieutenant (François Mossé) d'aller inspecter le pont de chemin de fer de la ligne Bordeaux-Langon qui enjambe le Ciron, petit affluent de la Garonne. L'objectif est de le faire sauter. « Ceci demandait toute une préparation ; une étude approfondie s'imposait pour placer correctement,

1. WIEVIORKA Olivier, déjà cité, p. 452.
2. Sur le lieu même du Mémorial il est inscrit : « *En ce lieu même, dans la Ferme de Richemont où ils avaient constitué une école de cadres au service de la Résistance française.* »
3. GRENARD Fabrice, déjà cité, p. 360.

à un endroit donné, une charge de plastic suffisante. Il fallait connaître l'emplacement du poste de garde, le nombre d'hommes, la fréquence des rondes ; savoir les horaires des trains français et des trains allemands » raconte Philippe Bèguerie[1]. Les deux jeunes gens, partis à bicyclette, traversent à pied le Ciron par le pont, descendent sur l'autre rive où ils s'installent pour pique-niquer et prendre des croquis comme deux excursionnistes. Deux gardes allemands les expulsent après avoir contrôlé leurs papiers, leur interdisant de repasser la rivière par le pont. Un pêcheur accepte de leur servir de passeur et leur donne tous les renseignements utiles concernant la garde du pont. « La mission était terminée ; le pont n'a d'ailleurs jamais sauté, notre groupe ayant été attaqué avant d'avoir pu exécuter le projet[2]. »

La vie du groupe s'organise entre entraînement et mise en état du bâtiment. La maison comprend cinq pièces. Deux qui communiquent entre elles abritent chacune une sizaine. Dans la première : Jean-Pierre Bouron-*Bougie*, Michel Picon-*Darcourt*, Roger Sabaté-*Corbin*, Christian Huault-*Christian*, Marcel Hostein-*Dédé*, Guy Célérier-*Guy* et Jean-Claude Bruneau-*Chérubin*. Dans la seconde : Jacques Rouin-*Dunablat*, Jacques Glotz-*Rivière*, Pierre Ricou-*Gateux*, Lucien Anère-*Lulu*, Daniel Dietlin-*Dany*, Roger-Hurteau-*Pacha* et André Taillefer-*Rouquin*. Les trois autres pièces sont la chambre du lieutenant, (François Mossé), la cuisine où dort Adolphe Bourdon-*Baton* et une autre chambrée qui comprend Driss Ben Miloud, Miliani Ben Mekki, Abda-Allah, Chanrion-*Toto*, *Ernest*[3] et Philippe Bèguerie. Ces trois pièces n'ont pas de communication intérieure avec les deux autres. Jean Dietlin-*Éric* n'a pas de couchage attribué, il fait souvent la liaison avec Bordeaux où le domicile des Dietlin, 31 rue de Berry[4], fait office de quartier général.

1. *Le combat de Saucats*, déjà cité, p. 49.
2. *Le combat de Saucats*, déjà cité, p. 50.
3. Un membre du maquis non identifié.
4. Aujourd'hui la rue Edmond-Costedoat.

Le groupe écoute Radio Londres, grâce à un appareil TSF sur piles[1] puisque la ferme n'a pas l'électricité... Ils attendent le message qui leur est destiné: « Tout d'abord c'était “la panthère est enrhumée”, puis “le coucou chante en mai” » sur l'émission diffusée par la BBC, *Les Français parlent aux Français*, qui débute par les messages codés compris des seuls avertis. « Nous n'avons pas eu la grande joie de l'entendre, poursuit Philippe Bèguerie, puisqu'il passa le 16 et que nous avons été attaqués le 14. L'avion vint dans la nuit du 16 au 17, mais ne lâcha rien puisque personne n'était plus là pour répondre à ses signaux[2]. » Les containers conditionnés en Grande-Bretagne approchaient un poids de 150 kg, une fois remplis d'armes d'origine britannique: fusils, pistolets-mitrailleurs, lance-roquettes, grenades devaient permettre aux FFI d'affronter l'armée allemande. Afin d'abriter les armes attendues, les jeunes construisent des casemates où les entreposer.

Plusieurs terrains de parachutages étaient référencés dans les landes girondines; Philippe Bèguerie évoque celui qu'ils ont préparé « entre La Jalousie, ferme à l'ouest de nous, et Richemont. Les rôles étaient déjà tout tracés. Les uns devaient monter la garde autour; Adolphe Bourdon-*Baton* devait faire les signaux, trois autres tenaient les lampes, je devais rester à la maison pour faire chauffer le jus et en profiter pour monter sur le toit pour repérer les points de chute au cas où un parachute ne serait pas trouvé par ceux qui étaient sur le terrain[3]. »

Pour assurer la sécurité du maquis la garde se prenait par sizaine, chaque sizaine correspondant à une chambrée, de 8 heures du soir à 8 heures du matin, deux par deux, l'un faisant des rondes dans un rayon de 100 mètres autour de la maison, l'autre se postant

1. *Le combat de Saucats*, déjà cité, p 43.
2. *Le combat de Saucats*, déjà cité p. 48. Cette information donnée par Philippe Bèguerie n'est pas recoupée par d'autres sources. Le site du conservatoire collaboratif des messages personnels le reprend, https://www.messages-personnels-bbc-39-45.fr L'historien Michel Augeard le considère comme plausible, d'autant plus que les archives conservées sont très incomplètes. Si les armes provenaient du SOE par l'intermédiaire d'*Aristide*, ce dernier n'en dit rien dans sa biographie autorisée, il n'accepte de livrer des armes au groupe Marc que si Lucien Nouaux lui prête allégeance. NICOLSON David, D. déjà cité, p. 119.
3. *Le combat de Saucats*, déjà cité, p. 48. La ferme La Jalousie se trouve bien à quelques kilomètres à l'ouest du Mémorial de la Ferme de Richemont.

dans un arbre à 200 mètres des bâtiments d'où il surveillait les alentours. En cas d'attaque, la règle, qui s'appliquait à tous les maquis, était le repli. Il ne fallait en aucun cas accepter le combat contre des forces toujours supérieures.

Le quotidien raconté par Philippe Bèguerie correspond à ce que décrivent les historiens de la vie au maquis. Les matinées sont consacrées aux tâches domestiques (toilettes, entretien de la maison, préparation des repas) tandis que l'après-midi est dévolu à l'instruction militaire. C'est le sergent Driss, militaire professionnel, qui forme le groupe au maniement des armes dont ils disposent, les quelques mitraillettes Sten Mark II, emblématiques de l'armement des maquis ainsi que des grenades. Le salut aux couleurs était également une des règles observées par tous les maquis.

Les soirées sont occupées par des veillées de lectures à voix haute, des débats, des jeux de cartes (dont Philippe se trouve privé à partir du moment où il est affecté à la cuisine et dort dans l'autre partie de la maison). Elles ne doivent pas durer bien tard faute de lumière ; Michel Picon termine ainsi une lettre à ses parents : « J'arrête d'écrire car il fait nuit et il n'y a pas d'électricité[1]. »

Le principal problème est le ravitaillement. Philippe Bèguerie, nommé d'office cuisinier par Adolphe Bourdon-*Baton*, est totalement inexpérimenté, à part peut-être quelques connaissances de base dues à sa pratique du scoutisme. Il s'adapte en fonction des rares denrées dont il dispose. Au début Jean Dupuy-*Antoine* les ravitaille assez régulièrement et Philippe n'offre pas d'explications au fait que ce soutien s'interrompt. C'est ce qui conduit François Mossé à monter une opération de vol de tickets de rationnement au centre de la rue du Cloître, dans le quartier Saint-Michel à Bordeaux. François est expérimenté pour organiser ce type d'opérations, il a participé à plusieurs entreprises de ce genre lorsqu'il était au groupe franc de son ami Jean-Claude Rozan-*Lanval* à Grenoble. Il part donc pour Bordeaux avec son cousin, Jacques Glotz-*Rivière*, et Lucien Anère-*Lulu*. Philippe Bèguerie restitue ainsi le récit qu'ont dû leur faire leurs trois camarades de retour de

---

1. Archives privées.

leur expédition : « De manière à jeter un coup d'œil sur les lieux, *Rivière* entre demander un renseignement et ressort aussitôt. Par bonheur, l'agent de service était absent. Tous trois entrent alors et pendant que *Lulu* et *Rivière* courent fermer les fenêtres pour ne pas être observés du dehors, le lieutenant fait mettre les employés contre le mur, les mains levées ; *Lulu* et *Rivière* s'emparent de quelques cartes et sans perdre de temps, ils gagnent la sortie. Le tout fut fait en moins de temps qu'il n'en faut pour le dire[1]. »

L'implantation d'un maquis, aussi modeste soit-il, ne peut passer inaperçu et celui de la Ferme de Richemont bénéficie, comme la plupart, d'un réseau d'entraide. Bèguerie cite plusieurs personnes dans leur voisinage qui les ont aidés activement : l'abbé Guilbeau, directeur de la colonie des Coqs-Rouges[2] à La Brède, M. Cluzan de Cabanac, MM. Cazenave et Lapeyre, chez qui ils s'approvisionnent en lait, sans compter les transporteurs, Wailliez, M. Delplanque, Clovis Cartier de Douence, qui assurent le transport lors de leurs différents changements de campements. Cela n'a rien d'étonnant, Fabrice Grenard insiste sur les complicités qui émergent sur le plan local à l'égard des maquis, en particulier au printemps et à l'été 1944, alors que la Libération approche[3].

Le danger auquel s'expose le maquis de la Ferme de Richemont, et qui lui sera fatal, est la circulation des maquisards. Tout au long du récit de Philippe Bèguerie, on ne peut que constater que chacun d'eux, peut-être exception faite de Guy Célérier[4], va et vient au gré de permissions accordées par François Mossé. Ce qui est contraire à toutes les règles de sécurité. La circulaire émise par le Service national maquis le précise dans son alinéa trois : « Il renonce [tout homme qui sollicite son admission au maquis] jusqu'à la fin de la guerre, à communiquer avec sa famille ou ses amis. Il gardera

1. *Le combat de Saucats*, déjà cité p. 50.
2. Le patronage les Coqs-Rouges créés en 1891 dans le quartier Sainte-Eulalie à Bordeaux existe toujours et propose de multiples activités.
3. GRENARD Fabrice, déjà cité, p. 202.
4. *Le combat de Saucats*, déjà cité, p. 17. En raison de son jeune âge, il est né en 1927 et n'a que 17 ans, le lieutenant aurait hésité à accepter Guy Célérier au maquis. Il lui aurait imposé : « Tu ne quitteras pas le camp ; aucune permission, pour quelque raison que ce soit. » Le jeune homme semble cependant avoir écrit à sa mère.

le secret absolu sur la situation des refuges, la personnalité de ses chefs et de ses camarades. Il sait que toute infraction à cette défense sera punie de mort[1]. » Cette règle ne semble même pas avoir été évoquée, ni par François Mossé, ni par Edmond Jouhaud. Jean et Daniel Dietlin se rendent chez eux à plusieurs reprises, ensemble ou séparément, le lieutenant lui-même s'absente pour plusieurs jours. Sans parler d'Adolphe Bourdon qui en compagnie du transporteur Wailliez effectue des liaisons. Philippe Bèguerie également se rend à Bordeaux dans sa famille. Michel Picon et Roger Sabaté profitent de leur mission de repérage sur le pont de chemin de fer de la ligne Bordeaux-Langon pour aller jusqu'à Langoiran où vit la famille de Michel[2].

« Pour des raisons de sécurité évidente, les maquisards ont interdiction absolue de quitter le camp et même de simplement s'en éloigner. [...] [ils] doivent couper tout contact avec l'extérieur y compris leur famille et rompre avec leur passé. L'une des règles appliquées dans de nombreux maquis consiste à confier ses papiers d'identité au chef, et à ne plus en disposer librement. [...] Toute correspondance est prohibée et ne peut être autorisée que tout à fait exceptionnellement[3] » confirme Fabrice Grenard. Au maquis de Richemont, la liaison par courrier est pourtant acceptée. Michel Picon adresse plusieurs lettres à ses parents afin de les rassurer et leur demander de lui fournir des vêtements ou du linge de toilette à déposer chez les Dietlin, 31 rue de Berry à Bordeaux, charge à Jean ou Daniel de les lui apporter lors de leurs déplacements. Le 10 juillet il adresse le billet suivant, écrit rapidement sur une feuille quadrillée, à son camarade de classe Pierre Vignial qui habite Arcachon : « Mon vieux Vignial, passe le plus tôt possible à Bordeaux, 31 rue de Berry, demande Jean Dietlin, (mon Z) et demande-lui mon adresse (montre-lui ce PQ). Amitié. M. Picon.

1. AN 72 AJ 63/4 pièce 7 Circulaire maquis.
2. *Le combat de Saucats* déjà cité et archives privées.
3. GRENARD Fabrice, déjà cité, p. 168. Cependant de nombreux maquis enfreignent cette règle et accordent des permissions de sortie aux maquisards.

PS voit le cas échéant Vernos et Giraud. Pour m'écrire, écris chez Dietlin, mais vas-y plutôt[1] ».

Le 13 juillet au soir ce sont huit personnes qui ont quitté la ferme : « *Baton* (Adolphe Bourdon) et Abda-Allah sont partis en tournée du côté de Langon, *Toto* (Chanrion) est en liaison avec Bordeaux, *Ernest* (non identifié) avait quitté le cantonnement le 13 après-midi avec l'intention d'aller chercher une voiture de l'agence Todt du côté de Soulac. *Gateux* (Pierre Ricou) était en tournée de ravitaillement. *Bougie* (Jean-Pierre Bouron) s'était absenté déjà depuis quelques jours. » Jean Dietlin, né un 13 juillet, était dans sa famille pour célébrer son anniversaire. Et plus loin, Philippe Bèguerie de préciser : « Hosteins [*sic*] parti la veille au soir, avait été arrêté en arrivant chez lui[2]. »

La trahison

Les faits sont bien connus, grâce au rapport de police établi par le commissaire Penot et aux différents procès qui se sont tenus à la Libération. Le 12 juillet, Marcel Hostein-*Dédé* quitte le maquis pour sa troisième permission, il emporte avec lui un pistolet hors d'usage et une grenade désamorcée. Ses parents sont séparés et il vit chez sa mère, 24 rue Brézets à Bordeaux. Le 12 juillet dans l'après-midi, il se rend 72 cours de la Marne dans le café tenu par son père et sa tante ; il montre à cette dernière la grenade désamorcée qu'il a avec lui. En fin de journée il se rend au bar *Chez Eugène*, rendez-vous de camionneurs et, peut-être un peu ivre, se vante d'avoir participé au coup de main de la rue du Cloître[3]. Les consommateurs présents peuvent comprendre qu'il appartient à un maquis. Un client, M. Sigrist, rédige une note qu'il s'empresse de porter au siège de la Milice ; il ignore le nom du jeune maquisard mais il sait qu'il est employé chez un transporteur, M. Nothias. Le 13 juillet

1. Archives privées.
2. *Le combat de Saucats*, déjà cité pp. 52-53.
3. Lors de son procès, Marcel Hostein explique qu'il s'était porté candidat pour le coup de main contre le centre de tickets de rationnement, mais que le lieutenant, le jugeant inexpérimenté, ne l'avait pas retenu.

vers midi quatre miliciens se présentent au domicile de Nothias, qui tente d'abord de leur faire croire que Hostein est en vacances. Ils le soupçonnent d'être celui qui ravitaille le maquis avec son camion et perquisitionnent son logement puis son garage. Après avoir obtenu l'adresse de Hostein, ils se rendent au domicile de ce dernier pour l'arrêter, gardant Nothias pour l'empêcher de le prévenir par téléphone. Marcel Hostein est pris alors qu'il venait de finir de déjeuner avec sa tante dans le café paternel. Nothias et le père de Marcel sont également conduits au siège de la Milice et détenus dans des pièces séparées. En milieu d'après-midi, ils ne font qu'entrevoir Marcel, conduit sans ménagement à son deuxième interrogatoire. Marcel Hostein affirme avoir été molesté mais jamais torturé. Il soutient tout au long de son procès que les miliciens « savaient déjà tout ». Ils lui auraient montré une carte Michelin de la région sud de Bordeaux sur laquelle l'emplacement de la Ferme de Richemont était indiqué... Hostein fournit cependant toutes les précisions nécessaires : « Notre camp est situé sur la route qui va de Saucats au Barp, dans une ferme abandonnée à gauche de la route, en allant vers le Barp. Pour s'y rendre, de la route, il faut emprunter des fossés où l'on voit d'ailleurs très nettement les traces de nos passages répétés. Il y a environ 1 km 500 à parcourir de la sorte. [...] Notre armement se compose de douze mitraillettes avec munitions, un sac de balles d'environ mille pièces, plus quatre chargeurs préparés par mitraillette. » Concernant ses camarades il explique ne pas connaître tous leurs noms et pseudonymes mais donne les suivants : « *Lulu*, *Le Pacha*-Hurteau [son camarade qui l'a amené au maquis] *Danis* [Dany], *Rivière*, *Bougie*, Picon, Sabatet [Sabaté], trois Marocains, Philippe [Bèguerie], *Baton*, qui ravitaille en armes – c'est lui qui a fourni les armes en provenance de Bordeaux –, *Nénesse* [Ernest ?], *Toto* et *Chérubin*. Quelques autres nouvellement arrivés dont je ne connais pas le nom. » Un peu plus loin, après avoir raconté qu'une opération était prévue sur le pont de Barsac, il précise : « L'un des deux garçons envoyés en reconnaissance, Picon je crois, a des parents dans les environs de Barsac. »

Marcel Hostein, recrue de la dernière heure, n'a aucune expérience de la clandestinité, n'a reçu aucune préparation à un éventuel interrogatoire et n'a aucune idée de la terrible répression qui s'abat en cet été 1944 sur la Résistance. Terrifié sans doute par les miliciens qui l'interrogent, il a lâché tout ce qu'il savait.

Le 12 juillet 1945, l'inspecteur de sûreté nationale, Laharie, conclut ainsi son enquête sur la responsabilité de Marcel Hostein : « En supposant que la Milice ait eu quelques indications, elle ne possédait pas les précisions nécessaires pour tenter à coup sûr une action contre le maquis de Saucats, et ce sont ces dernières indications que le jeune Hostein a été dans l'obligation de donner, influencé qu'il était par ce que les interrogateurs lui affirmaient et par ce qu'ils avaient déjà pu découvrir, qui confondit le jeune Hostein[1]. » Si la Milice et la SAP n'ignoraient pas que des maquis s'étaient constitués et guettaient tout indice qui pouvait leur permettre de les éradiquer, aucune preuve n'a jamais été apportée qu'ils connaissaient l'existence de celui de la Ferme de Richemont.

Monsieur Nothias et le père de Marcel sont libérés en fin d'après-midi. Une amie de la famille Hostein tente une intervention auprès du colonel Franc pour obtenir sa clémence. Madame Franc, qui répond d'abord à la communication téléphonique, réagit ainsi : « S'il s'agit d'un maquisard, nous n'aurons aucune indulgence, car le maquis de Savoie n'a pas épargné mon fils. » Le colonel Franc, plus sibyllin, ajoute : « Sachez Madame qu'à la Milice nous ne fusillons pas sans cause. »

À partir des aveux de Hostein, les évènements s'enchaînent très vite : Lucien Dehan a prévenu Robert Franc de l'arrestation et des déclarations du jeune homme. La Milice, bien incapable d'entreprendre seule une opération de cette envergure, s'adresse à Friedrich Dohse qui en confie le commandement au lieutenant Kunesch. Une action contre le maquis est décidée dans la soirée du 13 juillet pour le matin du 14. Sont mobilisés quinze miliciens de la franc-garde permanente, cinq de la franc-garde bénévole commandés par Guth et trente soldats allemands de la *Sichereitspolizei*,

---

1. ADG 17W 50.

de la *Feldgendarmerie* et de la douane. Le commissaire Penot de la SAP supervise l'affaire.

Deux cars quittent la barrière Saint-Médard à Bordeaux à 7 heures du matin et prennent la route du Barp, ils suivent la voiture du commissaire de la SAP, René Penot, conduite par son chauffeur Jean-Louis Colle, dans laquelle ont également pris place les miliciens Lucien Dehan, Jean-Marie Tournadour, Jean-Edge Duclos et leur prisonnier, Marcel Hostein, qui les guide. Arrivés à destination, les deux groupes se séparent dans l'intention d'encercler la ferme, les Allemands par l'est, les miliciens par l'ouest. Les occupants de la voiture ne suivent pas les colonnes qui se dirigent vers la ferme mais restent pour garder Hostein pendant toute la durée du combat.

Le combat du 14 juillet 1944

Leur arrivée s'est signalée par des bruits de branches sèches qui craquent sous leurs pas. Vers 8 heures du matin, sur les quinze présents ce matin-là dans la ferme, seuls trois sont réveillés : le sergent Driss, le soldat Miliani et Philippe Bèguerie, sorti de la maison pour aller chercher de l'eau au puits et qui entend ce bruit insolite. Il avertit aussitôt Driss qui, armé de sa mitraillette, part dans la direction indiquée. Son mouvement déclenche l'attaque et les armes se mettent à crépiter. Le premier à appliquer la consigne du repli est Miliani qui saute par la fenêtre et s'enfuit sous le couvert. Driss s'abrite d'abord derrière le puits puis rampe jusqu'au trou individuel qui se trouve à proximité et dans lequel il se dissimule jusqu'à ce qu'il puisse également s'esquiver. Philippe Bèguerie retourne précipitamment dans la maison. Le lieutenant, François Mossé, éveillé par les détonations, fait irruption dans la cuisine, se présente à la porte, et reçoit une rafale en pleine poitrine. Il est le premier tué du combat.

Philippe Bèguerie se retrouve donc seul, isolé du reste du groupe qui dort dans l'autre partie du bâtiment, sans communication intérieure. Se réfugiant dans la chambre du lieutenant, il peut parler quelques secondes avec Jacques Glotz, venu à la fenêtre de la pièce d'à côté. « C'est le dernier contact que j'ai eu avec eux tous », écrit-il. « Aussitôt de retour dans la chambre des Nord-Africains, je me couchai dans le prolongement de la porte ; je voyais alors très bien les miliciens traverser le petit chemin qui nous conduisait à l'observatoire. Ils arrivaient par-derrière le hangar ; je les distinguais à genoux dans la bruyère ; chacun à son tour faisait un bond individuel pour traverser, et disparaissait de l'autre côté. Ils cherchaient à nous encercler[1]. » Muni d'une mitraillette Sten, Philippe, comme ses camarades, se défend, puis, à cours de munitions après avoir vidé ses deux chargeurs, se décide au repli et saute par la fenêtre de la cuisine. Les assaillants n'ont pas encore complètement encerclé le bâtiment, et il réussit à passer entre les tirs. Il se jette à plat ventre dans un fossé et, en rampant, parvient à s'éloigner. Lorsqu'il estime avoir parcouru cinq à six cents mètres, il reste allongé, immobile, espérant que ses camarades ayant pu faire de même le rejoindraient. « Je ne sais plus combien de temps j'ai attendu. [...] À un certain moment, il est devenu clair que le combat avait cessé. Il n'y avait plus de coups de feu, même plus de coups de canon. Ne voyant personne arriver, je me suis dit qu'il fallait que je suive la consigne. Il avait toujours été prévu que nous n'avions pas à défendre un terrain, et qu'en cas d'attaque, on devait se replier[2]. » Du déroulement du combat Philippe Bèguerie ne sait donc rien de plus.

Toute possibilité de repli étant impossible, les douze garçons isolés dans leur dortoir, armés de leurs mitraillettes Sten, visiblement bien entraînés et efficaces, tiennent les assaillants en respect. Un soldat allemand est tué, un autre blessé ainsi qu'un milicien. Cette résistance farouche surprend les Allemands comme les miliciens et vers 10 heures 30 le lieutenant Kunesch décide alors de faire appel au soutien d'une unité d'artillerie allemande en exercice à La Brède. Celle-ci positionne son canon, une pièce de 77 mm[3]. L'opération de représailles devient un véritable acte de guerre : « À son arrivée sur les lieux, le colonel prit le commandement. [...]

1. *Le combat de Saucats*, p. 53.
2. *Demain dès l'aube...* déjà cité, p. 39.
3. Rapport de police du commissaire René Penot du 15 juillet 1944 au RG à Vichy.

Le canon ouvrit le feu. À ce moment-là les maquisards essayèrent de s'enfuir, mais comme la maison était cernée, ils furent tous tués[1]. » Cinq obus sont lancés contre le bâtiment. Contrairement à la légende, Michel Picon ne sort pas en tête de ses camarades, drapeau en main[2], il est tué d'un éclat d'obus dans la tête, à l'intérieur même de la ferme. Les autres tentent désespérément de rejoindre les taillis, certains sont blessés. Pour se frayer un passage ils usent de leurs grenades, mais le combat est trop inégal et ils sont tous « achevés d'un ou même de plusieurs coups de revolver dans la tempe[3]. »

Pendant toute la durée du combat, Marcel Hostein reste menotté en compagnie de Colle, Dehan, Tournadour, Duclos et Penot. Une fois les douze résistants achevés, Allemands et miliciens relèvent dans la ferme tous les éléments qui pourraient leur permettre d'enquêter sur le maquis, ainsi que les objets personnels des résistants.

Alors qu'ils se replient, Jean-Pierre Bouron-*Bougie*, qui revient de permission, et René Moretto, un jeune homme d'origine italienne qui circulait à vélo et était complètement étranger au maquis, sont arrêtés et transférés au fort du Hâ. Le nom de Jean-Pierre Bouron (fusillé par la suite au camp de Souge) figure avec celui des combattants de la Ferme de Richemont à Saucats, portant leur nombre à treize tués.

La découverte du massacre

À l'issue du combat, le commissaire Penot se rend à la mairie de Saucats et, en l'absence du maire et du secrétaire de mairie, il informe Madame Loche, l'épouse de ce dernier: « Nous venons de lutter contre le maquis de Richemont, vous prierez le maire d'envoyer des hommes sur place. Nous en avons abattu neuf, vous regarderez dans les broussailles il doit bien y en avoir deux ou trois autres, même sous les décombres, car nous avons fait sauter la

1. AN 20000356/1 DOHSE Friedrich.
2. *Le combat de Saucats*, p. 58.
3. SHD GD 33 E.

maison. Je vous donne ces ordres à cause de la salubrité publique car le reste nous est indifférent[1]. »

Les gendarmes de Léognan sont prévenus le 14 juillet à 20 heures qu'il y aurait des morts et des blessés dans la maison de Richemont, commune de Saucats. La maison « se trouve isolée en pleine lande, à 1 500 mètres de la route de Saucats à Douence et à 1 100 mètres de la route de Saucats au Barp ». L'adjudant Jean Coste, auteur du rapport, se rend sur les lieux en compagnie de trois gendarmes, du maire et du curé de Saucats. À leur arrivée à 21 heures 30, il fait déjà nuit. Ils constatent que l'habitation est presque totalement détruite, seuls subsistent quelques pans de murs et dans les décombres, gisent deux cadavres, dont l'un est nu. L'autre, habillé, est coiffé d'un casque en métal sur lequel est peinte une croix de Lorraine blanche.

Ils reprennent leurs recherches le lendemain, avec l'aide de la population masculine de Saucats, et relèvent dix cadavres, portant d'affreuses blessures, couchés dans la bruyère, à une distance de 30 à 150 mètres de la maison. Commence la difficile tâche des identifications. Une description physique et vestimentaire est établie, mais, comme le dit le rapport de gendarmerie, « pas un seul n'avait de pièces d'identité ». Trois seulement sont formellement identifiés : Huault, porteur d'une lettre à son nom et adresse, Picon parce qu'il porte un brassard au verso duquel son nom est inscrit, Taillefer qui avait sur lui une carte de tabac nominative. Quelques éléments font penser que certains seraient élèves du lycée Michel-de-Montaigne à Bordeaux. Les corps sont numérotés de 1 à 12 et les objets trouvés sur chacun sont empaquetés et numérotés selon le même ordre, avant d'être déposés à la mairie de Saucats. Conformément aux ordres de la Kommandantur de Bordeaux, les victimes sont enterrées sur place, mais dans des cercueils individuels, fabriqués à la hâte, chaque tombe portant le numéro d'ordre correspondant au descriptif établi par les gendarmes. Ces derniers relèvent dans la maison des indices qui pourraient permettre de retrouver les familles : des adresses, une permission de

1. SHD 1 K 369/72.

sortie du lycée Michel-de-Montaigne au nom de Picon, un fanion triangulaire au nom de Hurteau, un couvert marqué Corbin.

La nouvelle du combat se répand assez rapidement : Pierre Vignial, qui arrive chez les Dietlin le 15 juillet, espérant se joindre au maquis, trouve une famille « en totale détresse qui venait d'apprendre la mort de Daniel ! Et la destruction de la ferme et de ses défenseurs. On m'a donné l'ordre de partir au plus vite et de ne pas traîner en ville[1]. » Pierre Ricou-*Gateux* qui revient de sa tournée de ravitaillement le lundi 17 juillet, ne se doutant de rien, découvre avec effroi l'absence de vélos dans la cache, les jeunes pins cassés, la maison démolie et les douze tombes alignées.

Le 20 juillet, les gendarmes de Léognan viennent interroger Philippe Bèguerie qui s'est réfugié à Cabanac, chez le responsable d'une usine de résineux. Il y est en confiance et Cabanac se trouve à huit kilomètres au sud-est de Saucats, hors du cercle des recherches allemandes. Mais – à part les Dietlin – il ne connaît pas les véritables identités de ses camarades de maquis[2].

Le 22 juillet, l'adjudant de gendarmerie se présente auprès du censeur du lycée Michel-de-Montaigne avec les objets retrouvés dans la ferme pour tenter d'identifier celles des victimes qui seraient des élèves : les premiers à être reconnus sont Michel Picon, élève en classe préparatoire HEC, Roger Sabaté de la même classe, et Guy Célèrier, élève de seconde 5 moderne qui avait quitté l'établissement en janvier 1944. Il faut attendre la Libération de Bordeaux et le 1er septembre pour établir une liste plus complète avec l'aide de Jean Dietlin. Si pour dix d'entre eux l'identification peut être établie, il reste deux inconnus : le lieutenant *Noël* et son cousin *Rivière*. Personne ne connaît leurs véritables identités. Dans un premier temps, les gendarmes de Léognan déclarent deux corps comme étant ceux « d'Arabes. » L'un est rapidement identifié comme Lucien Anère, l'autre est confondu avec Miliani ben Mekki, né le 15 janvier 1917 à Rabat (Maroc). Ce n'est pas la seule erreur de l'état civil de Saucats qui déclare seulement onze

1. Archives privées.
2. *Demain dès l'aube*… déjà cité, p. 46.

morts. C'est en octobre 1944 seulement que les familles de François Mossé et de son cousin Jacques Glotz sont informées de leurs décès[1]. Il faut attendre le 13 juin 1945 pour que le tribunal civil de Bordeaux ordonne de retirer l'identité de Miliani et de la remplacer par celle de François Mossé.

Sur les photos prises par William Mollat et remises au lycée afin d'illustrer le livret édité en 1946[2], on peut voir les tombes alignées et numérotées telles que décrites dans le rapport de l'adjudant Coste. Sont finalement identifiés: n° 1 Roger Sabaté, n° 2 Daniel Dietlin, n° 3 François Mossé, n° 4 Lucien Anère, n° 5 Jean-Claude Bruneau, n° 6 André Taillefer, n° 7 Jacques Rouin, n° 8 Christian Huault, n° 9 Jacques Glotz, n° 10 Michel Picon, n° 11 Guy Célèrier, n° 12 Roger Hurteau.

1. Lettre de Madame Glotz à son amie Madame Nolle, 30-11-1944, archives privées.
2. *Le combat de Saucats*, déjà cité p. 59.

Fin de partie

> *« L'évolution de la Résistance de sa naissance à sa victoire est une aventure stupéfiante : engagements contradictoires, comportements suicidaires, déchirements absurdes, résultats décevants. Confrontée à la légende, elle est une réalité misérable. [...] Parce que le sacrifice des résistants fut démesuré pour d'aussi fragiles résultats, ils ont rejoint dans une légende justifiée tous les martyrs de la liberté, dont la noblesse ne se juge pas aux résultats mais aux sacrifices*[1]. »

« Nouveau Far West », c'est ainsi que l'historien Philippe André qualifie la région B à l'été 1944[2]. La guerre des chefs continue, malgré des tentatives de conciliation de la part de certains résistants, notamment Gabriel Delaunay[3] du mouvement Libération-Nord qui tente de rapprocher Roger Landes-*Aristide* de Jean-Baptiste Morraglia-*Dufour*, en vain[4]. Un nouveau DMR, Charles Gaillard-*Triangle*, arrive à Bordeaux fin juin. Il ne peut que constater l'impuissance de Morraglia, dépourvu d'armes et de communications radio. Néanmoins, certains groupes isolés issus de l'OCM continuent de fonctionner et sont prêts à le rallier. Son premier objectif est l'arrestation de Grandclément, sommé de se rendre aux FFI. Grandclément s'est-il rendu dans l'espoir pouvoir

1. CORDIER Daniel, déjà cité, p. 25.
2. ANDRÉ Philippe, déjà cité, p. 222.
3. Gabriel Delaunay (1907-1998). Professeur agrégé d'histoire et géographie au lycée Michel-de-Montaigne, il est nommé à Mont-de-Marsan en 1942. Entré en résistance au mouvement Libération-Nord, il participe à la mise en place du Comité de libération de la Gironde dont il prend la présidence à l'été 1944. En 1945, il entre dans le corps préfectoral où il effectuera sa carrière après-guerre.
4. CHAUMET Michel et OLIVIER Cyril, déjà cité, p. 108.

gagner Londres et de se justifier ou a-t-il été trahi[1] ? Toujours est-il qu'il est arrêté le 22 juillet. Dans un télégramme au BCRA, Gaillard-*Triangle* expose ainsi les faits : « Ai personnellement arrêté par complicité anciens éléments OCM, Grandclément, sa femme et agent de liaison, par manque confiance organisations trouvées à mon arrivée et par mesure sécurité ai dû remettre ces trois traîtres le deux six [26] juillet à officier anglais *Aristide*[2]. » Le 28 juillet Roger Landes-*Aristide* prend la décision de les exécuter sur la commune de Saugnacq-et-Muret dans les Landes, ce qu'il justifie par la crainte d'un guet-apens. Cependant Gaillard et Landes ne se sont pas encore rencontrés, c'est seulement début août que débute leur entente. Ils s'unissent contre Morraglia, malgré un télégramme du BCRA daté du 20 août qui précise que le général Koenig a nommé le colonel Moraglia [*sic*] chef FFI de la région B…

Les Allemands, ainsi que la SAP et la Milice, continuent leur traque des résistants et des maquis. Le 25 juillet, c'est Lucien Nouaux-*Marc* qui est arrêté à Bordeaux. Blessé lors de son interpellation par la police allemande, il est conduit au siège du SD au Bouscat pour être interrogé. Avant que ne commence l'interrogatoire, il sort une arme qu'il avait dissimulée et tire sur ses geôliers, il est tué dans la riposte[3].

Ses camarades également arrêtés sont internés au fort du Hâ.

Le destin des rescapés

Les rescapés de la tuerie de Saucats ou les maquisards absents lors de l'attaque sont également poursuivis et doivent impérativement trouver où se cacher. Les domiciles des Dietlin, de Pierre Ricou et de Philippe Bèguerie font l'objet de surveillance.

Jean Dietlin rejoint le maquis du Blayais à Reignac, le 1er août, avec le grade d'aspirant FFI. Il prend le commandement d'une section jusqu'en septembre lorsque le maquis est organisé en bataillon. Le 1er octobre il est affecté à la Brigade Carnot avec le

---

1. ANDRÉ Philippe, déjà cité p. 223.
2. SHD GR 82 P 5 1-75. Collection de messages envoyés et reçus par le BCRA.
3. SHD GR 16 P 447432.

grade de sous-lieutenant FFI et participe aux combats de la poche du Médoc jusqu'à la reddition des troupes allemandes, le 20 avril 1945[1].

Pierre Ricou, d'abord rentré chez lui à Bordeaux et se sachant également en danger, car ses parents ont été convoqués par la police française, gagne le bataillon Mickey du Lot-et-Garonne, commandé par Pierre Menvielle, où il reste jusqu'à la libération de la région[2].

Philippe Bèguerie, ne pouvant admettre que tous ses camarades avaient été tués, erre durant deux jours dans les bois avoisinant Saucats. Il se résout, le 16 juillet au soir, à gagner la ferme des Cazenave qui les approvisionnaient en lait et dont il sait qu'ils sont sympathisants. C'est là qu'il apprend la mort de ses compagnons et qu'il est recherché par les Allemands, qui ont sans doute trouvé une liste de noms dans les décombres de la ferme. Le 17 au matin, il est caché à Cabanac dans l'usine de produits résineux où il reste trois jours. On lui procure une bicyclette et des faux papiers qui lui permettent de partir pour Bazas, puis Grignols où, hébergé par une famille amie, il peut se reposer. Mais son hôte, ainsi que son fils et Philippe, sont un jour retenus quelques heures en otages par des soldats allemands. Grâce à ses faux papiers Philippe n'est pas identifié, mais part se cacher dans les bois du côté de Saint-Michel-de-Castelnau, dissimulé dans une équipe de charbonniers pendant une dizaine de jours. Il est orienté vers une filière qui,

1. SHD GR 16 P 185153, GR 19 P 33/9. Bataillon du Blayais, GR 19 P 40/4. Brigade Carnot. À l'issue de la guerre, Jean Dietlin complète sa formation militaire à l'École de Coëtquidan puis à l'École d'application de l'arme blindée et de la cavalerie de Saumur. Il sert dans le 8e régiment de hussards (une unité de reconnaissance de la 6e division blindée) lorsqu'il décède d'une maladie en 1952.
2. SHD GR 16 P 411170 et GR 19 P 47/6. Bataillon Mickey. Pierre Ricou (1924-2020) : après une carrière d'administrateur colonial en Afrique subsaharienne puis dans la préfectorale, il prend sa retraite à Bordeaux en 1989.

depuis Casteljaloux, regroupe des volontaires pour le maquis d'Armagnac dans le Gers qu'il rejoint à la mi-août[1].

Le destin des trois tirailleurs marocains, tous survivants du massacre de la Ferme de Richemont, reste inconnu. Selon les capitaines Salefran et Douence, deux survivants du combat ont rejoint leur maquis d'Hostens-Lugos, mais ils ne citent nommément que le sergent Driss. Dans l'état nominatif du groupement conservé à Vincennes, sur les vingt-deux membres du groupe franc, on dénombre sept « indigènes »: pas de Driss Ben Miloud mais un Mohamed Ben Driss[2].

Chanrion-*Toto* ne semble pas s'être manifesté après la guerre. Réfractaire du STO, réfugié chez les charbonniers, il s'est, selon le récit de Philippe Bèguerie, joint au maquis dès sa formation. Il n'a pas déposé de dossier d'homologation et aucun témoin ne l'a évoqué par la suite. Il en va de même pour *Ernest*, dont le véritable état civil n'est pas connu. Henri Bourdon-*Baton*, auditionné dans le cadre de l'enquête sur la trahison de Marcel Hostein-*Dédé* en juin 1945, explique qu'il a appris le massacre le 18 juillet alors qu'il revenait de La Réole. Il précise: « Ce n'est que le 5 septembre 1944 lors de la cérémonie religieuse en l'honneur des douze victimes de Saucats que je suis entré en relation avec les familles de mes camarades[3]. »

Jean-Pierre Bouron et René Moretto sont tous les deux incarcérés au fort du Hâ. Robert Franc aurait proposé à Jean-Pierre Bouron de rejoindre la Milice contre sa mise en liberté. Bouron aurait refusé, lui assurant que s'il était libéré, il rejoindrait aussitôt la Résistance. Avec ce dialogue invérifiable Franc s'autorise à justifier l'emprisonnement du jeune homme. Madame Bouron, la mère veuve de Jean-Pierre, a cependant cru que Robert Franc avait

1. SHD GR 16 P 43477, GR 19 P 32/3. Bataillon d'Armagnac. À l'issue des combats de la Libération à Toulouse, Philippe Bèguerie s'engage comme volontaire au 158e régiment d'infanterie et participe à la libération de l'île d'Oléron, il est démobilisé le 15 octobre 1945. Il entre au séminaire en 1947; ordonné prêtre en 1952, il a servi au Cameroun dans le diocèse de Yaoundé puis dans les paroisses parisiennes de Saint-Lambert et Saint-Séverin. Passionné de théologie, il est l'auteur de plusieurs ouvrages d'études bibliques. Il est décédé à Paris en 2017.
2. SHD GR 19 P 33/10.
3. ADG 17W14.

intercédé auprès des Allemands en faveur de son fils, comme en témoigne une lettre qu'elle adresse à la cour lors du procès Franc en octobre 1944 et dans laquelle elle écrit qu'il « a fait tout son possible pour le faire libérer »...

Ni les miliciens, ni les Allemands n'ont admis que René Moretto n'avait aucun lien avec le maquis ou la Résistance et, avec Jean-Pierre Bouron, il a été fusillé comme otage au camp de Souge. La date exacte de cette exécution reste débattue. D'abord déclarée le 29 juillet, comme l'attestent les actes de décès, elle a plus probablement eu lieu le 1er août. L'enquête menée après la guerre, les témoignages de détenus du fort du Hâ et de survivants des déportés du « train fantôme* » s'accordent sur cette date. La raison en aurait été l'impossibilité de constituer un peloton d'exécution sans ordre formel – on ignore toujours quelle autorité allemande l'a ordonnée – et ce serait peut-être les *Feldgendarmes* encadrant le « train fantôme » qui auraient procédé à la fusillade. Sur les quarante-huit victimes, dix ont d'ailleurs été extraites de ce train de déportés, choisies parmi les détenus juifs. Les autres étaient internées pour faits de Résistance, huit appartenaient au groupe Marc. Toutes sont jetées dans des fosses communes creusées à l'avance. Quel était l'objectif de cette exécution massive, décidée sans jugement, réalisée dans le plus grand secret, contrairement aux précédentes qui avaient un but dissuasif ? Les autorités françaises n'en sont informées que plus tard. « Les autorités allemandes, qui portent habituellement à la connaissance des autorités régionales françaises ce type d'exécution massive, attendent le 22 août 1944, c'est-à-dire trois semaines après les faits, pour en informer les services préfectoraux et la mairie de Martignas. Les Allemands se bornent à indiquer que quarante-huit "otages" ont été passés par les armes à Souge le "29 juillet"[1]. »

En cet été 1944, les exécutions sommaires s'intensifient, 42 % intervinrent cette seule année, tragique démonstration de la radicalisation de la lutte contre « l'armée des ombres » de la part d'une Allemagne qui se sait menacée.

---

1. fusilles-souge.asso.fr et BELINGARD Christian, *Les acacias blancs de Gelsa*, p. 146.

La mère de Jean-Pierre Bouron obtient que le martyre de son fils soit associé à celui de ses camarades tués au cours du combat de Saucats et que son nom soit inscrit sur le mémorial de la Ferme de Richemont, ce qui porte à treize et non douze le nombre des tués. Le père de René Moretto n'admettra jamais la mort de son fils. Il ne reconnaît pas son corps lors de l'exhumation, fait une demande en reconnaissance du statut de FFI – qu'il n'obtient pas – et fait entreprendre des recherches qui restent vaines dans des camps de déportés.

Au retour de « l'opération », Marcel Hostein est interné au camp de Mérignac avant d'être déporté à Dachau par le « train fantôme » qui quitte Bordeaux le 9 août 1944. Il y arrive le 28 août et est transféré à Mauthausen le 16 septembre. Il porte le matricule 98258 et est versé dans les *Kommandos* de travail. Libéré par les Américains le 5 mai 1945, il est rapatrié à Bordeaux en juin et fait l'objet d'une enquête[1]. Philippe Bèguerie a toujours voulu croire que Marcel Hostein était mort à Dachau. Il écrit dans *Demain dès l'aube… :* « J'ai appris qu'il mourut à Dachau, toujours inconsolable, et s'accusant de la mort de ses camarades. » Marcel Hostein a été jugé et condamné à cinq ans de travaux forcés et de dégradation nationale à perpétuité, mais dispensé de l'interdiction de séjour par la Cour de Justice régionale de Bordeaux, le 22 août 1945[2].

Edmond Jouhaud-*Perrin* et le mystérieux Jean Dupuy-*Antoine*, partisans de la ligne Morraglia qui leur paraît la seule légitime – la solidarité Morraglia-Jouhaud, tous les deux officiers de l'armée de l'air, joue certainement –, n'ont plus de leviers pour agir. La fin du maquis de la Ferme de Richemont et la mort de Lucien Nouaux-*Marc* les contraignent à se replier sur la ville de Bordeaux auprès du groupe de l'hôpital Saint-André. Albert Barraud, le chirurgien ORL qui avait succédé à Marcel Tête, a été arrêté en avril 1944, interné au fort du Hâ et déporté de Compiègne le 19 mai 1944 au

1. ADG 17W50, https://www.mauthausen-memorial.org/fr
2. *Demain dès l'aube…*, déjà cité p. 45. Marcel Hostein est décédé à Bordeaux en 1973.

camp de Hambourg-Neuengamme[1]; Jean Poinot, également médecin, rattache ce groupe au sous-réseau Régina du réseau Gallia et obtient après-guerre une homologation FFI-OCM. Parmi les actions revendiquées figure le « ravitaillement de la Ferme de Richemont en médicaments et vivres », ce dont Philippe Bèguerie ne fait pas état[2]. La chambre de l'abbé Étienne Lasserre, aumônier de l'hôpital, tient lieu de quartier général où se rencontrent au cours de l'été 1944 Jean-Baptiste Morraglia et Gabriel Delaunay. L'aumônier Lasserre, un des signataires des dossiers d'homologation des maquisards de la Ferme de Richemont, viendra célébrer la messe lors des commémorations du 14 juillet au mémorial de Saucats jusqu'à son décès en 1964[3].

Départ de la Milice et des Allemands

Le débarquement de Provence du 15 août 1944 sonne le glas des espoirs de victoire de la Milice et de tous les collaborateurs du gouvernement de Vichy. Craignant d'être pris en tenailles entre les armées alliées, Joseph Darnand ordonne le repli de ses troupes. Le général SS Oberg autorise les miliciens à se joindre aux convois de la *Wermacht* qui repartent vers l'Allemagne. Chaque chef régional a la responsabilité d'organiser le départ des miliciens et leurs familles vers l'est de la France. Ceux du Sud-Ouest (Bordeaux et Poitiers) partent en direction de Nancy par Châteauroux, Bourges, Auxerre et Troyes. Alors que le colonel Franc négocie avec Walter Machule, le chef du KDS, le départ de ses hommes, un premier groupe de fonctionnaires allemands et d'agents français s'empresse de quitter Bordeaux, dès le 17 août, sous le commandement du capitaine Gartner, chef de *l'Abwehr*. Lucien Dehan et Jean-Marie Tournadour sont parmi eux[4]. Robert Franc a décidé de rester à

1. SHD GR 16 P 34458, Albert Barraud né en 1907 est parmi les prisonniers transférés sur le paquebot *Cap Arcona*, pris pour cible et coulé par l'aviation britannique en baie de Lübeck le 3 mai 1945.
2. GR19 P 33/22 Groupe Tête.
3. SHD GR 16 P 340 589.
4. TERRISSE ANDRÉ, *La Milice à Bordeaux*, déjà cité p. 159. Ils commettent de nouvelles exactions contre des résistants en arrivant à Poitiers.

Bordeaux afin de se mettre à la disposition des futures autorités. Il prend en charge les internés politiques du fort du Hâ, s'engageant auprès du *Kommandeur* Machule à ne les libérer qu'après l'évacuation de la ville. En réalité, sous la pression de l'ancien directeur de la prison, il relâche les prisonniers par petits groupes à partir du 22 août alors que les services du SD n'ont pas encore quitté la ville. Le 24 août, les miliciens du Sud-Ouest (ils ont été rejoints par le contingent de Bayonne) prennent la route dans leurs uniformes en se joignant à la colonne formée par les services du SD commandée par Machule et Dohse.

En même temps, se tiennent des négociations pour la libération de la ville entre les autorités de Vichy, préfectorales et municipales, et les autorités militaires allemandes. Le jour du départ des services de police, le général Nake, commandant de la 159e division, accepte de préserver le port et la ville en échange d'un repli sans accrochage. L'armée allemande quitte Bordeaux en catimini le 27 au soir tandis que les troupes FFI des colonels Joseph Druilhe et Henri Adeline, soutenues par le colonel Morraglia, entrent triomphalement dans la ville le 28 au matin, « premières heures d'une journée de liesse et de ferveur patriotique[1]. » Ces deux officiers, jusqu'alors inconnus en Gironde, sont entrés en résistance en Dordogne en 1943 et, à la tête de FFI, ont libéré Bergerac puis Libourne le 21 août[2]. Le commissaire de la République Gaston Cusin[3] prend officiellement ses fonctions dès le 29 août et Fernand Audeguil la direction de la nouvelle administration municipale. Cependant Roger Landes-*Aristide* et Charles Gaillard-*Triangle*, forts du soutien d'un certain nombre de FFI des Landes, contestent ces nouvelles autorités, se considérant comme les seuls

1. CHAUMET Michel et CYRIL Olivier, déjà cité p. 116.
2. WEISS Stéphane, « L'établissement d'une autorité militaire dans le Sud-Ouest en 1944-1945 » dans *Guerres mondiales et conflits contemporains*, Paris PUF, 2011/3, N° 243, pp59 à 72. Disponible en ligne https://www.cairn.info/revue-guerres-mondiales-et-conflits-contemporains-2011-3-page-59.htm. Henri Adeline (1898-1971) Joseph Druilhe (1888-1960).
3. Gaston Cusin (1903-1993). Contrôleur des douanes, il est membre du cabinet de Pierre Cot aux côtés de Jean Moulin en 1936. Durant la guerre il crée un réseau de renseignement composé de douaniers syndicalistes. Il est désigné commissaire de la République pour la région de Bordeaux en octobre 1943.

responsables militaires. Pendant quelques jours la situation reste confuse, mais l'arrivée de Jacques Delmas-*Chaban*, délégué militaire national, le 6 septembre, vient rétablir l'ordre. Celui-ci place Charles Gaillard à la disposition du colonel Druilhe nommé commandant de la 18e région militaire, tandis que le colonel Adeline prend le commandement des FFI du Sud-Ouest et des opérations de la Pointe de Grave. Le 17 septembre, la visite du général de Gaulle scelle le retour au calme et à la réorganisation de la région : Roger Landes-*Aristide* est sèchement prié de retourner en Grande-Bretagne – « vous êtes Britannique. Votre place n'est pas ici », lui aurait dit De Gaulle. Le BCRA rappelle Charles Gaillard à Paris le 21 septembre. Gaston Cusin a pour priorité le retour à l'unité économique, politique et militaire « avec des pouvoirs équivalents à ceux d'un préfet de région[1]. » Il est épaulé par le CDL, Comité départemental de libération, dirigé par Gabriel Delaunay. Maurice Papon[2] est maintenu dans sa fonction de secrétaire général de la préfecture, malgré le désaccord de Gabriel Delaunay. Jouhaud et Morraglia sont écartés, le premier est rappelé en activité en novembre 1944, le second nommé général de brigade aérienne rejoint le cadre de réserve.

Les procès de l'épuration

L'épuration se met en place dès la fin de l'été 1944. Des cours de justice sont créées pour juger les délits et crimes de collaboration qui peuvent être punis d'indignité nationale, confiscation de biens, peines de prison, travaux forcés et peine de mort. Elles jugent en premier lieu les collaborateurs et ceux qui ont servi comme agents des services allemands.

1. CHAUMET Michel et OLIVIER Cyril, déjà cité, p. 264.
2. Maurice Papon (1910-2007). Après une carrière de haut fonctionnaire, il est rattrapé par son passé de secrétaire général de la préfecture de la Gironde de 1942-1944 et sa responsabilité dans l'organisation de la déportation des juifs de la région bordelaise vers le camp de Drancy d'où ils sont ensuite acheminés vers le camp d'extermination d'Auschwitz. Condamné à dix ans de réclusion criminelle pour complicité de crimes contre l'humanité en 1998, il bénéficie d'une libération pour raison de santé en 2002 et décède à l'âge de 96 ans.

Parmi les responsables de « l'affaire de Saucats », Robert Franc est le premier à être mis en accusation. Arrêté dès le 28 août, il passe en jugement le 13 octobre. Ses arguments de défense sont sa loyauté vis-à-vis du maréchal Pétain et de son gouvernement qu'il considère toujours légitimes et son rôle de protection contre les Allemands : « Si j'ai participé à ces affaires [Saucats et Lesparre], ce n'est point dans le but de plaire aux Allemands ou de les aider dans leur tâche, c'est uniquement avec l'esprit de sauver ou d'essayer de sauver des Français poursuivis par l'occupant. » Il va jusqu'à ajouter : « J'ai demandé d'abord la vie sauve du jeune Hostein et ensuite la participation de quinze miliciens [*sic*] à l'opération décidée par les Allemands [*sic*] afin que les sommations à déposer les armes soient faites par des Français à des Français et, par-là d'essayer d'obtenir la vie sauve à ceux qui se rendraient. » Ce à quoi le président répondit : « Tout ceci est bien difficile à admettre car vous saviez que ces jeunes gens au grand cœur ne se rendraient pas. » Robert Franc est condamné à mort pour « avoir entretenu des intelligences avec l'ennemi et avoir porté les armes contre la France. » Il est exécuté le 18 octobre au camp de Souge[1].

Le commissaire René Penot, arrêté le 4 septembre dans le quartier du Pont de la Maye à Villenave-d'Ornon par des FFI, passe en jugement le 14 octobre. Pour sa défense, il essaie de justifier sa participation à l'opération contre le maquis de Saucats en expliquant que « les Allemands manquaient de moyens de locomotion et qu'ils avaient de ce fait besoin d'une voiture supplémentaire ». Ce qui bien évidemment ne convainc pas la cour qui dispose de son rapport aux renseignements généraux et du témoignage accablant de l'épouse du secrétaire de la mairie de Saucats. Il est condamné à mort le 16 octobre[2].

Le dénonciateur de Hostein auprès de la Milice, Édouard Sigrist, est condamné le 8 avril 1948 à cinq ans de prison, la confiscation de tous ses biens et la déchéance de ses droits civiques pour une durée de vingt ans[3].

1. ADG 17W14, Fonds Terrisse 59J 959, Journal *Sud Ouest* du 13-10-1944.
2. ADG 17W14, *Sud Ouest* du 16-10-1944.
3. *Sud Ouest* du 08-04-1944.

Louis Guth, qui a commandé la Milice pour l'opération de Saucats, s'est constitué prisonnier le 1er septembre et a été incarcéré au fort du Hâ. Inculpé de trahison pour, étant Français, avoir porté les armes contre la France en temps de guerre, il est condamné à vingt ans de travaux forcés le 22 janvier 1945[1].

Le cas de Lucien Dehan est plus complexe, compte tenu de ses multiples activités : sa participation active à la déportation des juifs, son appartenance à l'*Abwehr* et à la Milice. Revenu en France sous une fausse identité et le statut de travailleur forcé, il est arrêté à Paris le 12 juillet 1945. Son procès commence à Bordeaux le 16 novembre 1949 devant un tribunal militaire. Il est condamné à la peine de mort et la confiscation de ses biens, mais son exécution n'est pas immédiate, son témoignage s'avérant important dans nombre d'affaires encore à juger. Il est exécuté le 2 juin 1953, avant la loi du 6 août 1953 portant amnistie, qui annule la plupart des condamnations.

Jean-Marie Tournadour a déjà été condamné à mort et exécuté le 30 mars 1946. Jean-Edge Duclos a écopé de sept ans de travaux forcés. Les miliciens de la franc-garde sont condamnés, selon leurs niveaux d'implication, à des peines allant de cinq à vingt ans de prison.

Les Allemands qui ont exercé la répression sont également poursuivis par la justice française. Après avoir quitté Bordeaux, Friedrich Dohse est nommé chef du SD à Odensee au Danemark. Il est arrêté le 6 mai 1945, jour de la reddition du pays, alors qu'il se trouve sur un terrain d'aviation, revêtu d'un uniforme de la *Lutwaffe*, disposant d'un livret militaire au nom de Muchen, sous-lieutenant d'aviation… Il projetait de se rendre dans la Ruhr. Remis aux autorités françaises, il est incarcéré à la caserne Boudet. Étant donné son rôle de premier plan dans la répression à Bordeaux, il n'est pas jugé tout de suite mais longuement interrogé par les enquêteurs pour des affaires encore en cours. Cela lui permet d'élaborer son propre récit et de discréditer ou, au contraire, de ménager certains, selon son intérêt. Et surtout de continuer à

1. ADG Fonds Terrisse 59J 959.

compromettre la Résistance bordelaise. Sa séduction s'exerce toujours et certains résistants viennent témoigner en sa faveur. Le plus surprenant est le témoignage du résistant déporté Jean Duboué qui viendra dire à la barre qu'il avait été « un adversaire loyal et un fin politique[1] »! Suscitant l'indignation du journaliste et écrivain Robert Escarpit: « Peu de gens ont perçu que les déclarations de Dohse lui étaient dictées par des conditions élémentaires de survie[2]. » Son procès se tient finalement du 28 avril au 5 mai 1953. Dans l'affaire de Saucats, il fait reposer la décision de réaliser une opération conjointe avec la Milice sur son supérieur Walter Machule. Il est condamné par le tribunal militaire de Bordeaux à sept ans de travaux forcés, peine de principe, car il est immédiatement libéré, ayant déjà accompli sa peine en prévention. « Friedrich Dohse est mort dans son lit en 1995, à l'âge de 82 ans, après une reconversion réussie dans le commerce de la viande et une retraite paisible[3]. »

Walter Machule, le supérieur de Dohse, n'a jamais été arrêté, ni extradé. Il a été condamné à mort par contumace en 1955. Le lieutenant Kunesch qui avait commandé « l'opération » à Saucats se serait suicidé.

Les cérémonies du souvenir

Le 19 avril 1945 les familles sont convoquées à la reconnaissance officielle des corps, sur le site de la Ferme de Richemont. Puis les douze cercueils, recouverts de drapeaux tricolores, sont transportés dans le hall de la faculté des Lettres de Bordeaux où, environnés de fleurs, fanions et drapeaux, ils sont veillés toute la nuit par leurs camarades des classes préparatoires du lycée Michel-de-Montaigne. Le 21 avril dès 9 heures une foule immense s'est massée cours Victor-Hugo. Les cercueils portés par des étudiants sont placés dans des fourgons et conduits vers la cathédrale. La

1. AN 72AJ 67 III pièce 17. Témoignage Élisée Ferrier.
2. Cité par Fabien Pont, « Un certain Friedrich Dohse » *Sud Ouest Dimanche* 5-10-1997.
3. Jacques Sylvain et Fabien Pont, tous deux journalistes au quotidien *Sud Ouest*, avaient rencontré Friedrich Dohse chez lui en 1987, en marge du procès Barbie.

messe solennelle est dite par l'abbé Lasserre et les cercueils bénis par Monseigneur Feltin, archevêque de Bordeaux[1]. Une prise d'armes et une cérémonie civile accompagnée de discours se tiennent sur la place Pierre-Lafitte – renommée place Jean-Moulin en 1947.

Chaque 14 juillet, se tient, sur le site du combat, la cérémonie de commémoration. Lors de la première célébration, le 14 juillet 1945, le colonel Jouhaud remet en personne les Croix de guerre avec citations aux familles. Le 14 juillet 1946 est distribuée la plaquette réalisée par le lycée Michel-de-Montaigne, *Un symbole de la Résistance, Le combat de Saucats, 14 juillet 1944*. Le 14 juillet 1947, un incendie ayant ravagé les bois alentour: « Il ne reste plus qu'un bouquet d'arbres et, chose plus affreuse encore, on a rasé la ferme afin de commencer les travaux pour le monument. Tout cela m'a déchiré le cœur, si au moins j'avais été prévenue... », écrit la mère de Michel Picon[2]. Curieusement, personne n'est alors informé que l'on a attribué à chacun des résistants morts au combat, y compris à Jean-Pierre Bouron fusillé à Souge, la médaille de la Résistance à titre posthume, par décret du 31 mars 1947. Ce n'est que le 14 juillet 2019, grâce à des recherches effectuées par le Comité du mémorial de la Ferme de Richemont, que ces médailles sont remises aux descendants des proches des combattants. Seul le lieutenant François Mossé a reçu la Légion d'honneur à titre posthume par décret du 27 août 1945.

Le 13 juillet 1948, le quotidien *Sud Ouest* consacre une page entière à la présentation de l'édification du mémorial tel que nous le connaissons aujourd'hui. Il rappelle qu'il est dédié à l'ensemble des martyrs de la Résistance dans le Sud-Ouest, « la législation interdisant la construction de monuments commémoratifs à plus d'un exemplaire par région, le mémorial de Saucats devient officiellement le mémorial de la Résistance du Sud-Ouest ». Le

1. Le cardinal Maurice Feltin (1883-1975), archevêque de Bordeaux de 1935 à 1949, loyal au maréchal Pétain, a réprouvé la résistance armée en 1944. Le 4 juillet 1944 il avait célébré un service religieux lors du retour de la dépouille mortelle de Philippe Henriot à Bordeaux. Il a été nommé archevêque de Paris (1949-1966) et cardinal par Pie XII en 1953, décisions qui suscitèrent malaise et mécontentement chez un certain nombre de catholiques.
2. Archives privées.

journal relaie également un appel aux donateurs pour la construction de cet obélisque de 35 mètres.

L'hommage qui est rendu à ce petit maquis caché dans la forêt de pins, anéanti avant même d'avoir agi, peut paraître disproportionné. Au regard des combats à mener contre le nazisme, l'engagement et le courage de ces jeunes gens qui voulaient libérer leur pays semblent dérisoires. Et pourtant...

Comment estimer l'efficacité de la Résistance ? Peut-on en parler en termes d'action et de bilan ?

François Marcot s'essaie à chiffrer la répression qui a frappé les résistants. Le nombre des déportés pour résistance s'élève à environ 90 000 personnes, « 90 % sont des hommes, 24 % sont déportés en 1943 et 70 % en 1944, 40 % sont morts en déportation [...] La majeure partie des 12 000 résistants tués en France le sont durant l'été 1944. » Le nombre de condamnés à mort fusillés s'élèverait à 3 000, auquel il faut ajouter les quelque 1 000 otages passés par les armes sur ordre des autorités allemandes[1]. Le maquis de la Ferme de Richemont s'inscrit dans ce macabre décompte. Il est le symbole de ceux qui, majoritairement anonymes, se sont sacrifiés pour défendre les valeurs de démocratie et d'humanisme auxquelles ils croyaient.

Par-delà les insuffisances, les rivalités, les retournements, les calculs personnels, les trahisons qui ont déchiré la Résistance girondine, les maquisards de Saucats incarnent la détermination à lutter sans concession contre le totalitarisme nazi, pour le rétablissement de la liberté et de la démocratie. Leurs itinéraires et leur ténacité signent leur appartenance à ces « soldats inconnus » de l'armée des ombres qui se sont lancés dans ce combat inégal. Souvent méconnus par l'Histoire, leur existence témoigne « des hautes mais douloureuses exigences de la citoyenneté[2]. »

1. MARCOT François, « Bilan de la répression » dans *Dictionnaire historique de la Résistance*, p. 774.
2. WIEVIORKA Olivier, déjà cité, p. 500.

POUR ALLER PLUS LOIN…

Yves Meyer, l'irréductible 1923-2024

Yves Meyer, décédé dans sa 101e année le 31 janvier 2024, a été la plus belle rencontre que j'ai faite en préparant ce livre. Alors que je recherchai la preuve que François Mossé avait bien commandé le maquis d'Albiez-le-Vieux en Savoie, je découvre le nom d'Yves Meyer. J'entreprends des recherches sur lui et l'amicale du camp de concentration de Dachau veut bien lui transmettre mon courriel. Non seulement il y répond mais il accepte de me rencontrer. Il m'a reçue à plusieurs reprises. Il se souvenait très bien de François Mossé avec lequel il avait partagé des actions dans la région de Grenoble en compagnie des deux frères Rozan. Il avait appris sa mort à la Libération, comme la disparition de Jean-Claude Rozan, mais avait gardé le lien avec Jean-François (1926-2015).

Son parcours de résistant est extraordinaire, il disait lui-même qu'il avait eu de la chance mais il a aussi fait preuve de courage, d'une grande présence d'esprit et d'une indomptable détermination.

Yves Meyer est entré dans la Résistance dès 1940, à la suite de l'appel du général de Gaulle, il n'avait pas encore 17 ans. Parisien d'origine alsacienne, il quitte la capitale avec sa famille pour Marseille. Ses premières actions consistent à distribuer des tracts et perturber les actualités allemandes diffusées durant les séances de cinéma. Il entre en 1942 dans le réseau de Pierre Julitte qui communique des renseignements au BCRA. En mars 1943, à la suite de la trahison du réseau, il essaie de passer en Espagne pour rejoindre la France libre, mais il est arrêté par la police allemande et réussit à lui échapper avant d'être conduit à la citadelle de Perpignan. Il gagne alors Grenoble où il entre en contact avec Jean-Claude Rozan-*Lanval* qui le charge de créer le maquis d'Albiez-le-Vieux puis le fait participer aux actions du groupe franc en compagnie de François Mossé. Il est arrêté à Grenoble, parvient de nouveau à s'enfuir et, pris en charge par le Service national maquis, il est envoyé dans la région A (Seine-Inférieure, Nord, Pas-de-Calais, Somme) comme adjoint du chef régional, le commandant de Kergaradec-*Rocher*. À la suite de l'arrestation de ce dernier, il prend le commandement de la région. L'infiltration d'un agent double entraîne son arrestation le 3 juin 1944. Torturé à Rouen, il est ensuite écroué à Fresnes puis au camp de Compiègne-Royallieu. Il est déporté le 2 juillet 1944 par le convoi 7 909 plus connu sous le nom de « train de la mort ». Environ 2 500 hommes y sont transportés dans des conditions tellement atroces que plus de 900 hommes décèdent durant le trajet. Arrivé le 5 juillet 1944 au camp de concentration de Dachau, il reçoit le matricule 76 569. Après une quarantaine de trois semaines, il est affecté au camp de travail de Neckargerac, au *Kommando* de la mine d'Obrigheim dans la vallée du Neckar. Il survit au typhus et à toutes sortes d'autres maladies avant d'être libéré par l'armée américaine le 4 avril 1945. Très affaibli, ne pesant plus que 32 kilos, il est rapatrié en France le 21 mai 1945.

Drancy : l'antichambre des camps d'extermination

« Le 20 août commença une vague massive d'arrestation de juifs dans le XIe arrondissement de Paris entièrement cerné par 2400 policiers français encadrés par des Allemands. Les arrestations se poursuivirent jusqu'au 23 août dans divers arrondissements de Paris. Au total 4232 juifs furent arrêtés dont environ 1500 juifs français. Parmi eux figuraient 42 avocats », dont Fernand Mossé, l'oncle de François[1].

Tous les juifs arrêtés pendant ces journées d'août 1941 ont le triste privilège d'inaugurer le camp de Drancy. Ce camp d'internement et de déportation se composait d'un ensemble d'immeubles à loyer modéré, inachevé en 1939, et entourant une vaste cour de 200 mètres de long sur 40 mètres de large. Dès le 14 juin 1940 les Allemands avaient réquisitionné ce qui s'appelait alors la cité de la Muette, pour en faire un camp de prisonniers de guerre français et anglais, entouré de fil de fer barbelé et de miradors. En août 1941, les bâtiments sont vacants mais rien n'a été aménagé pour y héberger des détenus. Devenu le camp de Drancy, les conditions de vie y sont misérables : dans les bâtiments inconfortables les gens dorment dans des lits superposés en planches ou sur de la paille, voire à même le sol. La nourriture est insuffisante : deux soupes par jour et 150 g de pain par adulte. Chaque jour, matin et soir, les gendarmes rassemblent les détenus pour un appel interminable. Le commandant du camp est un capitaine de gendarmerie français et le directeur, délégué par la préfecture de police de Paris, organise toutes les tâches de ravitaillement et d'entretien. Dans un premier temps la discipline militaire interdit tout contact des détenus avec

1. BADINTER Robert, *Un antisémitisme ordinaire, Vichy et les avocats juifs, 1940-1944*, p. 129.

l'extérieur. Après quelques semaines, un service de courrier est mis en place avec l'autorisation d'envoyer ou recevoir une lettre sous forme de carte chaque quinzaine ainsi qu'un colis de linge et 50 francs par mois. Dépassées par l'ampleur des arrestations, les autorités françaises du camp, sous étroit contrôle allemand, agissent dans l'improvisation et la situation durant les premiers mois, avant même les déportations, est épouvantable. Les Allemands fusillent douze otages, le 20 septembre 1941, en riposte à l'assassinat d'un soldat allemand. À partir de 1943 le capitaine SS Aloïs Brunner prend le commandement du camp de Drancy et la gendarmerie française n'est plus chargée que de la garde extérieure. Le ravitaillement, toujours financé par la préfecture de la Seine, est assuré par l'UGIF, l'Union générale des Israélites de France.

Cet organisme, créé par une loi du gouvernement de Vichy, à la demande des Allemands le 29 novembre 1941, a pour objectif d'identifier les juifs de France, leur appartenance religieuse n'étant plus mentionnée dans les recensements depuis la loi de 1872. Elle dépend directement du Commissariat général aux questions juives du gouvernement de Vichy. « Dès lors ces dirigeants juifs sont confrontés à un dilemme moral, comment tout à la fois soulager le sort des internés sans améliorer l'efficacité du système de déportation[1] ? » En plus de l'intendance, l'UGIF doit fournir les 5000 brassards jaunes du service d'ordre juif qui assure la police interne du camp. La hiérarchie des chefs d'escaliers, de blocs et de services est responsable des détenus, si l'un vient manquer à l'appel du départ d'un convoi, c'est dans cette hiérarchie que sera pris le remplaçant à la déportation.

Jusqu'au 17 août 1944, ce camp reste le premier lieu de rassemblement et de déportation des juifs de France[2].

1. Michel LAFFITTE, *L'UGIF, Collaboration ou Résistance* in Revue d'Histoire de la Shoah 2006/2, N° 185, pp. 45-64.
2. Michel LAFFITTE, *Le Camp de Drancy, Violence de masse et Résistance*, réseau de recherche en ligne de Sciences-Po Paris: http ://bo-k2s. sciences-po. Fr/mass-violence-war-massacre-resistance/fr/document: le-camp-de-drancy, ISSN 1961-9898, publié le 23 novembre 2009.

Lettre d'un témoin à Auschwitz

Début janvier 1945, Jules Mossé, le père de François Mossé, lieutenant du maquis de la Ferme de Richemont, fait partie des évacués du camp d'Auschwitz. Alors que l'armée soviétique s'approche du camp, qu'elle libèrera le 25 janvier 1945, les nazis évacuent les prisonniers les 17 et 18 janvier. Les ordres sont de ne pas laisser découvrir aux Alliés, par la présence de survivants, des preuves et des témoins de leurs crimes et de continuer la guerre jusqu'au bout avec l'aide de cette main-d'œuvre au service des industries d'armement. « Les évacuations, très vite nommées par les détenus "marches de la mort" – même si dans certains cas elles furent effectuées en train –, se sont déroulées dans des conditions d'improvisation et de violence qui ont fait leur lot de victimes, certains mourant de d'épuisement, d'autres étant abattus s'ils étaient trop faibles pour marcher[1]. »

Après le camp de transit de Ratibor, à environ 90 kilomètres d'Auschwitz, il semble que Jules Mossé ait encore été transféré vers un autre camp où il aurait trouvé la mort sous un bombardement allié.

Le signataire de cette lettre, Julien Quenon, paraît être un requis du STO. Travaillant pour le compte des entreprises installées autour du camp et participant de l'effort de guerre allemand, ses conditions de vie étaient sans comparaison avec celles des déportés. Il a tenté d'améliorer celle de Jules Mossé.

Reçue par Cécile Kaestle, compagne de Jules Mossé, elle est jointe au dossier d'homologation de ce dernier, qui le reconnaît comme déporté-résistant.

1. WIEVIORKA Annette, *1945 La découverte*, Éditions du Seuil, Paris, 2015p 53.

« Beaumont, le 3 septembre 1946

Chère Madame,

De suite, au reçu de votre lettre du 29, je m'empresse de vous faire réponse et vous donner les quelques renseignements que je possède.

J'ai connu Maître Mossé au début de l'année 1944, et, à ce moment il avait bon moral, mais la santé un peu précaire – car il avait beaucoup à souffrir de la faim et des mauvais traitements. Il était au commando 62 K2 des électriciens.

Comme je faisais partie d'une firme d'électricité on me l'a mis à travailler avec moi et je vous assure qu'il était très bien, – avec moi il ne manquait de rien, chaque fois je lui portais presque la totalité de mon manger et lui donnais du tabac et pain du lorsque je pouvais en acheter.

Ensuite est venue la saison des pluies et, comme il était très mal chaussé, je lui ai acheté en fraude une paire de chaussures en cuir ainsi qu'un pull-over que ma femme m'avait envoyé – avec cela il était paré pour le froid qui est intense à Auschwitz.

Combien de fois m'a-t-il parlé de vous et de son fils – qui, m'a-t-il dit, était lieutenant dans l'armée anglaise – comme il vous aimait !

Ensuite le moral a décliné, nous avions mes camarades et moi beaucoup de mal à le remonter, et puis il cassa ses lunettes, je les lui arrangeai – et il les cassa de nouveau et perdit un verre – c'était fin décembre ; pour Noël je lui avais fait un petit colis.

Le 26 décembre, nous avons subi un terrible bombardement où notre camp, à nous travailleurs, fut à moitié détruit. Je ne le revis plus ensuite et j'appris qu'il avait fait une chute dans le chantier, il était tombé dans un fossé en ciment de trois mètres de profondeur, il avait une cheville de démise, elle n'était pas cassée.

Là il restait environ quinze jours à l'infirmerie, il revint au chantier mais boîtant horriblement, deux jours qu'il travaillait il fut pris d'un accès de fièvre, alors, il retourna à l'infirmerie 8 jours.

Puis vint le jour où je le vis pour la dernière fois, c'était le 18 janvier 1945, nous ne savions rien, mais ce que je puis vous affirmer c'est qu'il a quitté Auschwitz le 18 janvier à 5 heures du soir en direction de Ratibor, ensuite je l'ai perdu complètement, mais, ce qui est certain aussi c'est qu'il a fait presque toute l'évacuation et, d'après un déporté qui est venu me voir, il y a un mois, il aurait été vu dans un grand camp dont je ne me rappelle plus le nom et qui a été sérieusement bombardé quand ils y étaient, environ 5 000 morts, dont le jeune frère du camarade.

Recevez, chère Madame, l'expression de mes meilleures et sincères amitiés.

Signé Julien Quenon
Place de l'Ancien Couvent
Beaumont
(Puy-de-Dôme)

Les Chantiers de la jeunesse française

Ils sont créés pour remplacer le service militaire, supprimé par le vainqueur allemand, par un service civil. Le commissariat général en est confié au général Joseph de La Porte du Theil (1884-1976), un ardent pétainiste qui fait preuve durant toute la guerre de son adhésion totale à la Révolution nationale.

La loi du 31 juillet 1940 impose à tous les jeunes Français de 20 ans de la zone libre d'effectuer un stage de 6 mois – qui passe à 8 mois à compter du 18 janvier 1941 – dans un des cinquante-deux groupements répartis dans les six provinces contrôlées par Vichy. Chaque groupement numéroté compte environ 2 000 hommes, divisés en six à douze groupes, semblables à des compagnies, de 150 à 200 hommes chacune, et les groupes sont fractionnés en équipes. Chaque jeune est payé 1,50 franc par jour et travaille à l'exploitation des forêts pour la production de bois de chauffage ou de charbon de bois, mais certains groupements peuvent participer aux activités agricoles ou à des travaux routiers. Jusqu'en 1943, l'optique éducative prédomine dans les Chantiers et le travail n'est pas une fin en soi, mais un moyen parmi d'autres pour régénérer physiquement et moralement la jeunesse et lui inculquer les valeurs de la Révolution nationale. Beaucoup de jeunes ont manifesté leur hostilité à cette mobilisation. Les conditions de vie sont rudes : isolement, alimentation insuffisante, promiscuité, insalubrité et un travail épuisant qui suscitent de nombreuses critiques[1].

Lors de la mise en place du STO en février 1943, Joseph de La Porte du Theil facilite le départ de ses stagiaires. Mais ses

1. Christophe PÉCOUT, *Les Chantiers de la jeunesse (1940-1944) : une expérience de service civil obligatoire* in Agora, débats/jeunesse, 2008/1 n°47, pp. 24-33.

relations se dégradent avec les Allemands lorsque la demande de main-d'œuvre s'accroît, réduisant considérablement les effectifs des Chantiers et donc la portée de son œuvre. Il est démis de ses fonctions, fait prisonnier et interné à Munich puis en Autriche. Inculpé libre devant la Haute Cour de Justice en 1945, il bénéficie d'un non-lieu en 1947.

La bicyclette

C'est l'auxiliaire précieux des résistants. Durant les quatre années de l'Occupation, la bicyclette est le moyen de transport privilégié des Français. Onze millions de bicyclettes sont en circulation pour quarante millions d'habitants. Elles permettent aux clandestins de passer inaperçus, d'être libres de leurs mouvements, d'éviter les axes trop fréquentés. C'est l'outil des agents de liaisons qui l'utilisent pour faire parvenir des messages et des renseignements entre résistants. Elle sert aussi à transporter de l'argent, des tracts, ravitailler en linge et en nourriture les maquis. C'est le moyen qu'utilise Fernand Mossé, évadé de Drancy, pour passer la ligne de démarcation à Châlons-sur-Saône. Le jeune Gérard Chatelier raconte dans *Lycéen sous l'Occupation* qu'il glisse dans son cartable, au milieu de ses livres et cahiers, les documents qu'il transporte. Il n'attire pas l'attention des Allemands, il passe pour un collégien comme un autre circulant à bicyclette entre son domicile et son école. Tous les maquisards de la Ferme de Richemont disposent d'une bicyclette. C'est à vélo qu'ils rejoignent le maquis. Ils construisent d'ailleurs une cache où les dissimuler à l'entrée du sentier qui conduit à la ferme. Et quand Philippe Bèguerie cherche à rejoindre le maquis d'Armagnac dans le Gers, bicyclette et faux papiers lui sont tous les deux nécessaires.

L'organisation Todt

Du nom d'un proche d'Adolphe Hitler à qui il en confie la direction, Fritz Todt (1891-1942), cette organisation créée par le Führer en 1938 avait pour mission d'établir en un temps record un rempart bétonné sur la frontière occidentale du Reich. Il s'agit d'un appareil de direction chargé de passer des marchés avec des firmes privées, de ravitailler les chantiers en matériaux et en main-d'œuvre et de contrôler l'avancement des travaux.

En bordure du littoral, l'organisation Todt fait édifier des batteries d'artillerie à longues portées, des abris pour sous-marins, des aérodromes et des stations radars. En 1942 Hitler la charge de l'édification des 15 000 bunkers du Mur de l'Atlantique qui s'étend sur 4 000 kilomètres des Pays-Bas aux Pyrénées.

Après le décès de Fritz Todt dans un accident d'avion en 1942, Albert Speer lui succède. Le Mur de l'Atlantique est mis en place en un temps record de quinze mois. En France, la main-d'œuvre est fournie par les réfugiés espagnols enrôlés de force puis par les requis du STO, nés entre 1920 et 1922, qui préfèrent éviter un départ vers l'Allemagne. En France en juin 1944 l'organisation disposait de 15 000 Allemands (essentiellement des cadres), 85 000 Français (dont les requis du STO), 25 000 coloniaux et 165 000 travailleurs étrangers[1]. Les conditions de travail sont telles que nombre d'entre eux préfèrent s'enfuir et, parmi les jeunes, rejoindre les maquis.

1. DESQUENNES Rémy, « L'Organisation Todt en France (1940-1944) » dans *Histoire, économie et société*, 1992, 11e année, n° 3, Stratégies industrielles sous l'occupation, pp. 535-550 ; https://www.persee.fr/issue/hes_0752-5702_1992_num_11_3?sectionId=hes_0752-5702_1992_num_11_3_1649

Le « train fantôme »

Lorsqu'il est déporté, Marcel Hostein est embarqué dans ce que les résistants ont par la suite appelé le « train fantôme ». Parti de Toulouse le 3 juillet 1944, ce train transporte vers les camps environ 650 personnes venant du camp du Vernet en Ariège et des prisons de Toulouse. Sont entassés par wagons des résistants espagnols et français, des juifs, des hommes et des femmes. Encadré par des *Feldgendarmes*, il arrive à Bordeaux le 9 juillet. Dans l'impossibilité de rejoindre la ligne de Limoges en raison des bombardements alliés et des sabotages, le train reste stationné en gare.

Le 12 juillet, les internés hommes sont transférés dans la synagogue de Bordeaux et les femmes à la caserne Boudet. Fin juillet, une dizaine de juifs sont appelés pour faire partie des otages qui sont fusillés à Souge le 1er août.

Le train repart le 8 août augmenté d'un contingent de 150 prisonniers politiques extraits du fort de Hâ, dont Georges Bonnac. Il rejoint Libourne, puis Angoulême et devant l'impossibilité de continuer vers le nord, repart pour Bordeaux puis Toulouse. Aux étapes, des prisonniers tentent de s'évader, certains repris sont fusillés sur place. Les conditions sont atroces, surpeuplement des wagons, manque d'eau et de nourriture, absence d'hygiène. Depuis Toulouse le convoi prend la direction de la vallée du Rhône par Montauban, Béziers, Nîmes. Le 18 août il s'arrête à Roquemaure dans le Gard ; le Rhône est devenu infranchissable en raison du sabotage du pont ferroviaire par la Résistance. Les Allemands, rendus de plus en plus nerveux par le débarquement de Provence qui a eu lieu le 15 août, forcent les déportés à marcher durant 18 kilomètres jusqu'à la gare de Sorgues où un nouveau train est assemblé. Avec l'aide des habitants et des cheminots, trente-deux réussissent à s'enfuir. Malgré les bombardements alliés, les sabotages, le trafic – les trains militaires circulent en priorité –, le train continue sa progression. Lors des ralentissements, les prisonniers s'évadent en déclouant des planches au sol mais c'est une entreprise très périlleuse et certains meurent broyés par les roues. À la gare de Merrey en Haute-Marne, soixante-dix d'entre eux réussissent à prendre la fuite. Le train passe par Nancy, Pont-à-Mousson, Metz et Sarrebruck. Il se dirige ensuite vers la Bavière et arrive à Dachau le 28 août. Il a mis deux mois pour couvrir un trajet habituellement réalisé en trois jours. Environ deux cents prisonniers ont réussi à s'enfuir. Cinq cent trente-six déportés sont immatriculés, dont trente-six femmes qui sont ensuite transférées à Ravensbrück. Plus de la moitié ne reviendra pas.

Chronologie

1939

23 août Pacte de non-agression germano-soviétique.

3 sept. Invasion de la Pologne par les armées du IIIe Reich, la France et la Grande-Bretagne déclarent la guerre à l'Allemagne.

1940

10 mai Offensive allemande contre les Pays-Bas, la Belgique, le Luxembourg et la France.

10 juin L'Italie déclare la guerre à la France et à la Grande-Bretagne.

16 juin Démission du gouvernement Paul Reynaud. Le maréchal Pétain forme un nouveau gouvernement.

17 juin Le maréchal Pétain annonce à la radio qu'il a demandé aux Allemands les conditions d'un armistice.

18 juin Appel du général de Gaulle sur les ondes de la BBC à continuer la guerre.

21 juin Départ de parlementaires pour l'Afrique du Nord sur le *Massilia*.

22 juin Signature de l'armistice franco-allemand à Rethondes. L'occupation commence, la France est divisée en différentes zones d'occupation.

24 juin Signature de l'armistice franco-italien.

26 juin Discours de Pétain annonçant qu'un « ordre nouveau commence ».

28 juin De Gaulle est reconnu chef des « Français libres » par le gouvernement britannique.

1er juillet Le général de Gaulle, en exil à Londres, créée les Forces françaises libres (FFL), terrestres, aériennes et maritimes.

3 juillet Les Britanniques attaquent la flotte française à Mers el-Kébir.

10 juillet Le Parlement français vote les pleins pouvoirs au maréchal Pétain (80 votes contre).

11 juillet Fin de la IIIe République. Pétain instaure l'État français qui s'installe à Vichy.

18 juillet À Londres, début des émissions radiophoniques de la France libre, diffusées par la BBC.

22 juillet Lois sur la révision des naturalisations accordées depuis 1927.

7 août L'Alsace et la Lorraine mosellane sont annexées *de facto* à l'Allemagne, Hitler y nomme deux *gauleiters*.

10 août Début de la bataille d'Angleterre.

29 août Création de la Légion française des combattants.

Sept. Entrée en vigueur, en France, du système des cartes d'alimentation.

23-25 sept. À Dakar, échec anglo-gaulliste de ralliement de l'Afrique occidentale française.

3 octobre Instauration du statut des juifs par le régime de Vichy, suivi le 4 octobre par l'autorisation d'internement administratif des juifs étrangers.

12 oct. Hitler renonce au projet d'invasion de la Grande-Bretagne.

24 oct. Entrevue de Montoire entre Pétain et Hitler.

30 oct. Mise en place officielle de la politique de collaboration avec l'Allemagne nazie.

1941

29 mars Création par Vichy du Commissariat général aux questions juives.

19 avril Création des préfectures régionales.

2 juin Deuxième statut des juifs promulgué par Vichy ; recensement des juifs en zone sud.

22 juin Opération Barbarossa, invasion de l'URSS par Hitler.

12 août Discours de Pétain dénonçant « le vent mauvais », devant le manque de soutien des Français à la Révolution nationale.

23 août En zone occupée, décret allemand sur les otages.

24 sept. Création du CNF (Comité national français) à Londres par De Gaulle, forme embryonnaire de gouvernement provisoire.

21 oct. Attentat contre un conseiller militaire allemand à Bordeaux.

22 oct. En représailles à cet attentat, exécution de 50 otages au camp de Souge (Gironde).

23 oct. Discours de De Gaulle à la BBC désapprouvant les attentats contre les militaires allemands.

7 déc. Attaque de Pearl Harbour (base américaine de l'île d'Hawaï) par le Japon.

7 et 12 déc. Décrets *Nacht und Nebel* sur la répression des résistants.

12 déc. À Paris, rafle de juifs français en réponse aux attentats.

1942

2 janvier Parachutage de Jean Moulin.

19 févr.-15 avril Procès de Riom qui juge les responsables de la défaite. Comparaissent : Paul Reynaud, Georges Mandel (qui ne sont finalement pas poursuivis mais maintenus en prison), Léon Blum, Édouard Daladier, le général Maurice Gamelin, Guy La Chambre, Robert Jacomet.

20 février Les Éditions de Minuit publient *Le Silence de la mer* de Vercors.

5 mai Arrivée à Paris de Karl Oberg, chef supérieur des SS et de la police en France.

26 mai-11 juin En Lybie, les FFL ralentissent l'avancée de Rommel vers l'Égypte en prenant Bir-Hakeim.

29 mai Une ordonnance allemande rend obligatoire à partir du 7 juin le port de l'étoile jaune, « l'étoile juive », en public pour tous les juifs de plus de 6 ans, français ou étrangers, en zone occupée.

22 juin Laval, qui « souhaite la victoire de l'Allemagne », annonce la Relève.

2 juillet « Accords Bousquet-Oberg », accords franco-allemands de collaboration policière.

14 juillet La France libre adopte le nom de France combattante.

16-17 juil. À Paris, rafle du « Vél-d'Hiv ». 13 000 juifs sont arrêtés dans la capitale et en région parisienne.

13 sept. Début de la bataille de Stalingrad.

8 nov. Débarquement américain en Afrique du Nord sous commandement de Dwight Eisenhower.

11 nov. Invasion de la zone libre par les Allemands.

27 nov. Dissolution de l'armée d'armistice et sabordement de la flotte française à Toulon.

24 déc. Assassinat de l'amiral Darlan par Bonnier de La Chapelle à Alger.

1943

30 janvier Création de la Milice, sous les ordres de Darnand doté des pleins pouvoirs, pour réprimer la Résistance.

2 février Victoire soviétique à Stalingrad.

16 février Convocation au STO des jeunes nés entre 1920 et 1922.

7 mai Prise de Tunis par les Alliés.

27 mai À Paris, première réunion du Conseil national de la Résistance, présidée par Jean Moulin.

30 mai Arrivée de De Gaulle à Alger.

3 juin À Alger, création du Comité français de la Libération nationale (CFLN) coprésidé par de Gaulle et Giraud.

9 juin À Paris, arrestation du général Delestraint, chef de l'Armée secrète.

13 juin Arrestation du général Frère, chef de l'ORA.

21 juin À Caluire (69), arrestation de Jean Moulin.

9 juillet Débarquement allié en Sicile.

25 juillet Chute de Mussolini.

Août Institution des DMR, Délégués militaires régionaux.

8 sept. Armistice italien et occupation allemande.

17 sept. Création de l'assemblée consultative d'Alger.

4 octobre Libération de la Corse.

Octobre Désignation des premiers commissaires de la République.

6-9 nov. À Alger, Giraud est évincé du CFLN.

28 nov.-1er déc. Conférence de Téhéran, opération *Overlord* du Débarquement allié prévu pour le printemps 1944 par Churchill, Roosevelt, Staline.

30 déc. À Vichy, Darnand, chef de la Milice, entre au gouvernement comme secrétaire général au maintien de l'ordre.

1944

Fin janv. Extension des activités de la Milice à la zone nord.

1er février Ordonnance créant les FFI, composés des formations militaires des mouvements de résistance, des FTP et de l'ORA.

2 février Opération Dahlia, Brossolette et Bollaert embarquent à bord du *Jouet-des-Flots* qui fait naufrage en baie d'Audierne, Jouhaud qui est également à bord réussit à passer inaperçu.

Mars Le général Pierre Koenig, vainqueur de Bir-Hakeim, prend le commandement des FFI à Londres.

9 et 26 mars Assaut du plateau des Glières en Haute Savoie par les Allemands assistés de la Milice.

18 mai En Italie, prise de Monte Cassino par les Alliés.

30 mai À Londres, les Alliés reconnaissent Koenig comme commandant en chef des FFI.

6 juin Débarquement allié en Normandie.

28 juin Exécution de Philippe Henriot, secrétaire d'État à l'Information et à la Propagande, par la Résistance.

20 juil. Attentat manqué contre Hitler.

21-23 juil. Offensive allemande dans le Vercors.

15 août Débarquement franco-américain en Provence.

25 août Libération de Paris.

15 sept. Mise en place des cours spéciales de justice.

14-18 sept. Premier voyage de De Gaulle en province (Lyon, Marseille, Toulouse, Bordeaux).

23 sept. Décret incorporant les FFI dans l'armée.

Sources

Ouvrages

AGLAN Alya, *La Résistance sacrifiée, Histoire du mouvement « Libération-Nord »*, Éditions Flammarion, collection Champs, Paris, 2005.

AGLAN Alya, *Mémoires résistantes, histoire du réseau Jade-Fitzroy*, Éditions du Cerf, Paris 1994.

ANDRÉ Philippe, *La Résistance confisquée, les délégués militaires du Général de Gaulle, de Londres à la Libération*, Éditions Perrin, Paris, 2013.

BADINTER Robert, *Un antisémitisme ordinaire, Vichy et les avocats juifs, 1940-1944*, Éditions Fayard, Paris, 1997.

BÉLINGARD Christian, *Les Acacias blancs de Gelsa, du front de l'Èbre aux maquis de Dordogne-Nord*, Éditions Fanlac, Montignac, 2014.

BLANC Julien, VAST Cécile, sous la direction de, *Chercheurs en Résistance, pistes et outils à l'usage des historiens*, PUR, Rennes, 2014.

BLOCH Marc, *L'Étrange défaite*, collection Folio Histoire, Éditions Gallimard, Paris, 1990.

BOUCHINET-SERREULLES Claude, *Nous étions faits pour être libres, la résistance avec De Gaulle et Jean Moulin*, Éditions Grasset, Paris, 2000.

BRAUMAN Jean, LOINGER Georges, WATTENBERG Frida, *Organisation juive de Combat, Résistance/sauvetage. France 1940-1945*. Éditions Autrement, collection « Mémoires » n° 124, Paris, 2006.

CALMETTE Arthur, *L'O.C.M. Organisation civile et militaire, histoire d'un mouvement de* Résistance de 1940 à 1946, PUF, Paris, 1961.

CHAUMET Michel, OLIVIER Cyril, *Comprendre la Résistance en Aquitaine*, CRDP Aquitaine, Bordeaux, 2010.

CHEVANCE-BERTIN Maurice, *Vingt mille heures d'angoisse*, Éditions Robert Laffont, Paris, 1990.

COLLECTIF, *Le Combat de Saucats, Un symbole de la Résistance, 14 juillet 1944*, Bordeaux, 1946.

COLLECTIF, *Déportés de l'Isère*, PUG, Musée de la Résistance et de la Déportation de l'Isère, Grenoble, 2005.

DARTIGUES André, *Les Hommes en blanc dans la clandestinité, la résistance médicale, 1940-1944, à Bordeaux et en Gironde*, Comité d'Histoire de Bordeaux et la Gironde, 2de édition, 1996.

DELPERRIÉ DE BAYAC Jacques, *Histoire de la Milice, 1918-1945*, Éditions Fayard, Paris 1994.

DOUZOU Laurent, VON BUELTZINGSLOEWEN Isabelle, JOLY Hervé, DURAND Jean-Dominique, SOLCHANY Jean, sous la direction de, *Lyon dans la Seconde Guerre mondiale, villes et métropoles à l'épreuve du conflit*, PUR, Rennes, 2016.

FONTAINE Thomas, PECHANSKI Denis, *La Collaboration, Vichy, Paris, Berlin 1940-1945*, Coédition Tallandier, Archives nationales et ministère de la Défense, Paris, 2014.

FOOT Michael RD et CRÉMIEUX-BRILHAC J-L, *Des Anglais dans la Résistance, le SOE en France, 1940-1944*, collection Texto, Éditions Tallandier, Paris, 2004.

GABERT Michèle, *Entrés en Résistance, Isère, des hommes et des femmes dans la Résistance*, Presses Universitaires de Grenoble, 2000.

GIOLITTO Pierre, *Histoire des groupes francs grenoblois*, Presses universitaires de Grenoble,

2003.

GIOLITTO Pierre, *Histoire de la Milice*, Éditions Perrin, collection « Tempus », Paris, 2002.

GIOLITTO Pierre, *Grenoble 40-44*, Éditions Perrin, 2000.

GRANET Marie, MICHEL Henri, *Combat, histoire d'un mouvement de résistance de juillet 1940 à juillet 1943*, PUF, collection « Esprit de Résistance », Paris 1957.

GRENARD Fabrice, *Les maquisards, combattre dans la France occupée*, Éditions Vendémiaire, Paris 2019.

GUILLON Jean-Marie et LABORIE Pierre, sous la direction de, *Mémoire et histoire : La Résistance*, Éditions Privat, Toulouse, 1995.

JOLY Laurent, *L'État contre les Juifs, Vichy, les Nazis et la persécution antisémite*, Éditions Grasset, Paris, 2018.

JOUHAUD Edmond, *La vie est un combat. Souvenirs (1924-1944)*, Éditions Fayard, Paris, 1975.

KERVELLA André, *Le réseau Jade, l'Intelligence Service Britannique au cœur de la Résistance française (Paris, Bordeaux, Brest, Lyon…)*, Nouveau Monde Éditions, Paris, 2021

KOSCIELNIAK Jean-Pierre, SOULEAU Philippe, sous la direction de, *Vichy en Aquitaine*, Les Éditions de l'Atelier, Paris, 2011.

KUPFERMANN Fred, *Laval*, Éditions Balland, Paris, 1987, réédition Tallandier 2006.

LABORIE Pierre, *L'Opinion française sous Vichy, Les Français et la crise d'identité nationale, 1936-1944*, Éditions du Seuil, collection « Points Histoire », 2001.

LAPEYRE-MENSIGNAC, *Nos combats dans l'ombre*, Les Dossiers d'Aquitaine, collection « Mémoire de France », 2de édition, 2006.

MARCOT François, sous la direction de, LEVISSE-TOUZÉ Christine, avec la collaboration de, *Dictionnaire historique de la Résistance*, Éditions Robert Laffont, Collection Bouquins, Paris, 2006.

MICHEL Alain-René, *La JEC face au nazisme et à Vichy, 1938-1944*, Presses universitaires de Lille, 1988.

NICOLSON David D., *Aristide, warlord of the Resistance*, Leo Cooper, London, 1994, non traduit.

NOGUÈRES Henri, DEGLIAME-FOUCHER Marcel, VIGIER Jean-Louis, *Histoire de la Résistance*, 5 volumes, Éditions Robert Laffont, Paris, 1967-1981.

PAXTON Robert O., *La France de Vichy 1940-1944*, Paris, Éditions du Seuil, 1973.

PAXTON Robert O., *L'armée de Vichy, le corps des officiers français*, 1940-1944, Éditions Tallandier, Paris 2004.

PÉROTIN Yves, dit Pothier, *La vie inimitable, dans les maquis du Trièves et du Vercors en 1943 et 1944*, Presses universitaires de Grenoble, Collection « Résistances », 2014.

RICHET Catherine, sous la direction de, *Organisation juive de Combat, France 1940-1945*, Éditions Autrement, Collection « Mémoire/Histoire », Paris 2006.

ROZAN Jean-François, *Mémoires d'avant la nuit*, Éditions Jasor, Pointe-à-Pitre, 2006.

ROZAN Jean-Pierre, *Un trèfle à quatre feuilles, Mai 43-Mai 46, de la Corrèze au Danube*, Éditions Michel Lafon, Paris 1995.

SILVESTRE Paul et Suzanne, *Chroniques des maquis de l'Isère, 1943-1944*, Presses universitaires de Grenoble, 1995.

SIMONNET Stéphane, *Maquis et maquisards, la Résistance en armes, 1942-1944*, Éditions Belin, Paris, 2015.

SLITINSKY Michel, *La Résistance en Gironde*, Collection Témoignages in *Cahiers de la Résistance*, Bordeaux 2e édition, 1970.

SOULEAU Philippe, *La ligne de démarcation en Gironde, Occupation, Résistance et société 1940-1944*, Éditions Fanlac, Périgueux, 1998.

TERRISSE René, *La Milice à Bordeaux*, Éditions Aubéron, Bordeaux, 1997.

THIBAUT Laurence, sous la direction de, *Les Jeunes et la Résistance*, Éditions AERI et La Documentation Française, Paris, 2008.

THIERRY Laurent, sous la direction de, *Le livre des 9000 déportés de France à Mittelbau-Dora, camp de concentration et d'extermination par le travail*, Éditions Le Cherche Midi, Parus 2020

VERGEZ-CHAIGNON Bénédicte, *Pétain*, Éditions Perrin, collection Tempus, Paris, 2020.

WIEVIORKA Annette, *1945 La Découverte*, Éditions du Seuil, Paris, 2015.

WIEVIORKA Olivier, *Une certaine idée de la Résistance, Défense de la France 1940-1949*, Éditions du Seuil, Collection « L'Univers historique », Paris, 1995.

WIEVIORKA Olivier, *Histoire de la Résistance, 1940-1945*, Éditions Perrin, Paris, 2013.

Thèses

ANDRÉ Philippe, *Les Ambassadeurs de l'ombre. Les délégués militaires régionaux (DMR) du général de Gaulle. Septembre 1943-septembre 1944*, mémoire de M2 dirigé par O. Wieviorka, Paris-I, 2011, pp 565-568.

VAST Cécile, *Une histoire des Mouvements unis de Résistance (de 1941 à l'après-guerre). Essai sur l'expérience de la Résistance et l'identité résistante.* Histoire. Université de Franche-Comté, 2008.

Articles

https://www.cairn.info/ met à la disposition des lecteurs un très grand nombre d'articles en accès libre.

ALBERTELLI Sébastien, « Les services secrets de la France Libre : le bureau central de renseignements et d'action (BCRA), 1940-1944 » dans PUF *Guerres mondiales et conflits contemporains,* 2011/2 n° 242, pages 7 à 26. Disponible en ligne : https://www.cairn.info/revue-guerres-mondiales-et-conflits- contemporains-2011-2-page-7.htm

AZÉMA Jean-Pierre, « La Milice » dans *Vingtième Siècle. Revue d'histoire,* 28, 83-106, disponible en ligne: https://www.cairn.info/revue--1990-4-page-83.htm.

DEMANGE David, « L'exil des républicains espagnols en Isère » dans *Écarts d'identité* n° 95-96, printemps 2001, pp 87-89.

DESQUENNES Rémy, « L'Organisation Todt en France (1940-1944) » dans *Histoire, économie et société,* 1992, 11e année, n° 3, Stratégies industrielles sous l'occupation pp 535-550; https://www.persee.fr/issue/hes_0752-5702_1992_num_11_3?sectionId=hes_0752-5702_1992_num_11_3_1649

FONTAINE Thomas, « Chronologie : répression et persécution en France occupée, 1940-1944 » dans *Siences Po, Violence de masse et Résistance,* réseau de recherches. Disponible en ligne : https://www.sciencespo.fr/mass-violence-war-massacre-resistance...e-ra-pression-et-persa-cution-en-france-occupa-e-1940-1944.html

GAYME Évelyne, « La politique de la Relève et l'image des prisonniers de guerre » dans *Armée de Terre/ Inflexions*, 2012-2013 n° 21, pp 201-208.

MABON Armelle, Les prisonniers de guerre coloniaux durant l'Occupation en France, dans *Hommes et Migrations*, n° 1228, novembre-décembre 2000, l'héritage colonial un trou de mémoire, pp.15-28. Disponible en ligne : https://www.persee.fr/doc/homig_1142-852x_2000_num_1228_1_3595

PÉCOUT Christophe, « Pour une autre histoire des chantiers de la jeunesse », dans *Presses de Sciences Po, Vingtième siècle, Revue d'histoire*, 2012/4 116 pp. 97 à 107. Disponible en ligne : https://www.cairn.info/revue-vingtieme-siecle-revue-d-histoire-2012-4-page-97.htm

TALIANO DES GARETS Françoise, « Bordeaux sous l'Occupation : collaboration et résistance » dans *Allemagne d'Aujourd'hui* disponible en ligne : https://www.cairn.info/revue-allemagne-d-aujourd-hui-2018-3-page-166.htm

RECHAM Belkacem, « Les Indigènes nord-africains prisonniers de guerre (1940-1945) » dans *Guerres mondiales et conflits contemporains*, disponible en ligne : https://www.cairn.info/revue-guerres-mondiales-et-conflits-contemporains-2006-3-page-109.htm

WEISS Stéphane, « L'établissement d'une autorité militaire dans le Sud-Ouest en 1944-1945 » dans *Guerres mondiales et conflits contemporains*, Paris PUF, 2011/3, n° 243, pp59 à 72. Disponible en ligne https://www.cairn.info/revue-guerres-mondiales-et-conflits- contemporains-2011-3-page-59.htm

YAGIL Limore, « Résistance et sauvetage des juifs dans le département de l'Isère (1940-1944) », dans *Guerres mondiales et conflits contemporains*, 2003/4 n°21, pp 51-74, disponible en ligne : https://www.cairn.info/revue-guerres-mondiales-et-conflits- contemporains-2003-4-page-51.htm

Archives

- Au Service historique de la Défense (SHD) à Vincennes (94) :

  GR 13 P, études générales de la Résistance.

  GR 16 P, dossiers individuels d'homologation des services dans la Résistance.

  GR 17 P, dossiers des forces françaises combattantes (FFC).

  GR 18 P, dossiers des mouvements résistance intérieure française (RIF).

  GR 19 P, maquis, forces françaises de l'intérieur, numérisés.

  GR 28 P 3, missions, réseaux, mouvements de la France combattante.

  GR 28 P 4, archives de la France combattante, dossiers individuels des agents, des réseaux et des mouvements.

GR 28 P 11, BCRA, dossiers individuels des agents des réseaux.
GR 1 K 369, fonds de l'amicale des anciens de l'Organisation de la résistance de l'armée (ORA).
GD 33 E 1533, unités de la compagnie de gendarmerie départementale de la Gironde (1897-1946).
13 J 1527, archives de la prison de Montluc à Lyon (69), cahier des détenus 1939-1947.
AL 40 Z, fonds Jouhaud.

• Aux archives nationales (AN) à Pierrefitte-sur Seine (93) :
72 AJ Témoignages et documents. 72 AJ 35 à 89 sont numérisés.
20000356/1, direction centrale de la police judiciaire, dossier Dohse Friedrich.
Archives départementales de la Gironde (ADG) à Bordeaux (33) :
62 J, fonds du professeur Arthur Calmette, numérisées.
59 J, fonds René Terrisse.
4774 W, fonds lycée Michel-de-Montaigne.
17 W, Cour de Justice de Bordeaux.

• Archives numérisées du quotidien *Sud Ouest* qui, de 1944 à 1953, a rendu compte de tous les procès de la Cour de Justice de Bordeaux.

Collections privées

Correspondance entre Madame Glotz et Madame Nolle, aimablement communiquée par la fille de cette dernière, Madame Martin-Nolle. Pierre Vignial a remis une copie numérisée de la lettre manuscrite de Michel Picon, lui proposant de rejoindre le maquis de la Ferme de Richemont, à mon cousin Antoine Caillard. Ce dernier et mon oncle Bernard Picon ont mis à ma disposition les documents rassemblés par les parents de Michel à la suite de la mort de leur fils. J'ai également consulté le journal presque quotidien tenu par mon arrière-grand-mère, Marie Picon (1882-1967), de 1919 à 1967, mère de Michel.

J'ai contacté les familles des victimes du combat de la Ferme de Richemont. Plusieurs sont aujourd'hui éteintes ou n'ont pas conservé d'archives privées qui auraient pu éclairer le parcours des jeunes résistants.

Index des noms propres

Remerciements

Un travail de recherche ne se fait jamais seul et je tiens à remercier ici tous ceux qui m'y ont accompagnée.
Les historiens qui ont bien voulu répondre à mes questions : Michel Augeard, Philippe André, Tal Brutman, Mixel Esteban, Jean-Marie Guillon et plus particulièrement Christian Bougeard qui a su m'encourager.
Parmi les descendants des proches des maquisards, je remercie Olivier Bruneau, petit-neveu de Jean-Claude Bruneau ; Daniel et Évelyne Dietlin, enfants de Jean Dietlin ; Laurence, Béatrice et Olivier Gelbmann, petits cousins de François Mossé ; Élizabeth Glotz-Bertin, nièce de Jacques Glotz. Et bien sûr j'ai une pensée particulière pour Philippe Bèguerie † qui, par ses écrits, son témoignage constant et sa présence toujours chaleureuse, est resté fidèle à ses copains tombés au combat. Sa dernière participation remontant au 70e anniversaire, en 2014, où il était venu rencontrer des lycéens de Montaigne. Danièle Meyer qui m'a, avec générosité, apporté des précisions sur la biographie de son père.
Le texte final doit beaucoup à la relecture attentive et exigeante de proches et d'amis : Antoine Caillard, Julie Husser, Margot, Gaspard et Camille Loizillon, Dominique Ould-Ferhat et Brigitte Schmauch.

Table des matières